동행

현 대 수 필 가 1 0 0 인 선 Ⅱ · 36

동행

문육자 수필선

수필과비평사 · 좋은수필사

■ 책머리에

수필은 누구나 부담 없이 읽고, 마음만 먹으면 직접 쓸 수도 있는 가장 친근한 문학이다. 다른 영역의 문학이 영상매체에 밀려 신음하고 있는 중에도 수필 인구만은 날로 증가하여 바야흐로 수필 전성시대를 구가하고 있는 이유도 거기에 있을 것이다.

시대적 추세에 힘입어 수많은 수필전문지, 수필동인지가 창간되고, 이에 비례하여 신진 수필가도 날로 늘어나다 보니 이제는 그 많은 작가, 그 많은 작품 중에서 문학성 높은 작품을 가려 읽는 일이 쉽지 않게 되었다. 이런 현상은 작가에게나 독자에게나 결코 바람직한 일이 아니다. 더 나아가서는 수필을 연구하는 후세들에게도 큰 부담이 될 것이다.

이런 문제를 해결하는 데는 출판인도 마땅히 한몫을 감당해야 한다는 평소의 소신에 따라, 본사가 기꺼이 그 역할을 맡기로 했다. 그 첫 번째 사업으로 시대를 대표할 만한 수필가 100인을 선정하고, 작가가 자선한 40편 내외의 작품을 수록한 문고본을 발간하여 이를 널리 보급함으로써 그 소임을 다하고자 한다.

본사는 사명감을 가지고 이 사업을 추진해 나가기로 했다. 작가 선정을 전담할 편집위원회를 구성하고 전권을 위임하여 일체의 사적인 정실이나 청탁을 배제함으로써 전문성과 공정성을 확보해 나갈 것이다.

따라서 이 기획물 속에는 작가의 문학정신뿐만 아니라, 본사의 문학사적 기여 의지와 편집위원 제위의 수필문학에 대한 애정과 문인으로서의 양심이 함께 담겨 있음을 자부한다. 다만, 작가를 선정하는 기준에는 많은 견해의 차이가 있을 수 있고, 선정 과정에서도 미처 챙기지 못한 부분이 있을 것이라는 사실만은 인정하지 않을 수 없다. 이 점에 대해서는 관계자 여러분의 양해 있으시기 바란다.

이 시리즈의 발간 순서는 작가, 또는 본사의 사정에 의한 것일 뿐 그 밖의 어떤 기준도 적용하지 않았음을 밝힌다.

본 기획물이 시대를 초월한 많은 수필 애호가들의 관심과 애정 속에 우리나라 수필문학 발전에 한 이정표가 되기를 바랄 뿐이다.

본사에서는 이상과 같은 취지로 『현대수필가 100인선』 전 100권을 완간하여 큰 반향을 불러일으킨 바 있다.

그러나 우리 수필문단의 규모나 수필문학의 수준에 비추어 선정 작가를 100인으로 한정하는 것은 형평성이나 효율성 면에서 크게 부족하다는 의견이 많았고, 본사 또한 이를 통감하던 터라 기꺼이 『현대수필가 100인선 Ⅱ』를 발간하기로 했다.

본사의 충정에 찬동하여 출판에 응해주신 저자 여러분에게 감사한다.

2015년 9월

수필과비평 · 좋은수필 발행인 서정환

현대수필가 100인선 간행 편집위원 박재식 최병호

정진권 강호형

오세윤

1_부

2_부

3_부

4_부

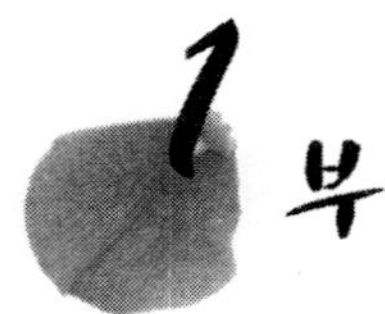
1부

선재길을 가다

전나무가 소리 내어 울고 있었다. 바람이 전해 준 이야기들을 내게 들려주려나 보다. '월정대가람月精大伽藍'이라는 현판이 나를 반긴다. 월정사에서 상원사까지 9.8km란다. 오대천을 끼고 따라오는 바람과 물속에 까무러지는 구름이며 햇살을 동행으로 삼는다. '선재의 길'이라는 작은 표지들이 군데군데 등대처럼 서 있다.

≪화엄경≫의 선재동자가 구도의 길에서 깨달았던 것은 바로 힐링이며 치유였으리라. 그 이름을 따서 이 산책길 이름조차 '선재의 길'이다. 내가 이 길을 떠올리게 된 것은 마음 속 세간살이를 정리하고 싶어서였다. 그 속 칸칸마다 쌓인 게 너무 많아 무거워 견딜 수가 없었다. 구도의 길을 가 보리라. 설령 아무것도 이루지 못한다 하더라도.

월정사에 도착했을 때는 점심공양 시간이라 염치없이 한 그릇을 비웠다. 돌아서 나오니 국보인 팔각구층석탑에 노란 리본들이 팔랑이고 있었다. 세월호에서 생을 마감한 사람들을 그리워하는 마음들이 나비가 되어 날갯짓을 하고 있었다.

그 마음 담아 같이 떠난다. 숲이었다. 숲길을 따라가면 바로 소리 내어 우는 오대천의 자갈과 바윗길이 나온다. 물소리가 청량하다. 다시 숲길로 들어선다. 눈으로 나무를 센다. 밤이면 빛을 낼 것 같은 야광나무며 다릅나무, 고로쇠나무, 까치박달나무, 음나무가 잠깐씩 내려와 주는 햇살에 잎새를 반짝인다. 그리고 거제수나무! 자작나무보다 더 너덜너덜 옷을 벗었다. 나를 대신해서일까. 마음 내려놓고 떠나간 구도자를 닮은 것일까. 숙연해져 다시 냇가로 나오니 커다란 징검다리가 앞을 가로막는다. 걸어오는 동안 인적 하나 없었다. 건널 수가 없었다. 다리를 벌려보니 역부족이었다. 징검다리만 건널 수 있다면 도적이라도 한 사람 나타나면 어떠랴. 그때 나타난 거구의 남자. 길을 잘못 들어 징검다리에서부터 다시 걷기 위해 온 것이란다. 손을 잡아 주었다. 구세주 같았다. 놓칠까봐 숲길과 징검다리를 번갈아가며 숨을 죽이고 따라 걸었다. 한참을 가니 평평한 숲길이 아지랑이처럼 뻗어 있었다. 이제, 살았구나. 그 생각과 함께 온 것은 구세주 같은 이 사람이 정작 도적일지도 모른다는 생각이 들었다. 왜 돌아왔다는 걸까. 갑자기 무서운 생각이 들어, 쉬었다 가겠다며 먼저 보내고 말았다. 이 정도의 길이라면 혼자라도 괜찮으리.

그러나 숲길은 오르락내리락 하고 귀를 씻는 물소리 위에 놓인 징검다리며 자갈길이 도적 같은 사람을 보낸 것조차 후회하게 했다. 적막과 무섬증이 그래도 상원사 팻말 앞까지 나를 데리고 갔다. 선재길의 끝이다. 그 사람은 이미 도착하여 바위에 앉아 휘파람 불며 휴대전화를 만지작거리고 있었다. 그는 나를 모른 체했다. 나 혼자만 그를 구세주로, 도적으로 올렸다 내렸다 하고 있었다.

구도의 길, 선재의 길에서 나는 무엇을 갈무리할 수 있었을까. 요원한 구도의 길. 선재길이 구름까지 뻗어 있기를, 그러면 밧줄 잡고 마음의 세간 버리며 오를 수 있으려나. 하늘을 본다.

2014년 6월

소리, 그 흐름을 따라

계절이 바뀜을 시각으로 알까, 청각으로 알까. 계절은 철따라 짙어지거나 엷어지는 색깔을 드러내며 눈 아린 빛으로 올까, 가슴 설레는 풍광으로 올까, 귀 기울여야 건져 올릴 수 있는 소리로 올까.

대부분의 사람들이 계절의 변화를 '보는 것'으로 안다고 한다. '봄'이라는 계절은 그 어원을 정확히 알 수 없지만 '보다'라는 동사에서 왔다고도 하는 말이 틀리지 않는 듯 눈부시다. 또 짙어가는 초록은 여름을 예감하게 하고, 토실하게 여물어가는 열매며 색 바래는 나뭇잎은 가을이 데리고 오는 선물이다. 버석거리는 낙엽에 발목이 빠지고 온기를 잃은 삭정이들이 눈에 띄기 시작하면 이미 겨울의 문턱이다.

다시 돌아오는 봄. 봄비 속에 움트기 시작하는 새순은 봄을 예고하고 는개가 지나면 봄처녀의 젖가슴 같은 실한 꽃망울은 봄이 천지에 너울댐을 알린다. 그러나 이 여린 자연이 펼쳐지기 이전에 들려오는 소리가 나를 이끈다. 봄이 오는 소리다. 눈으로 보는 것보다 더 이르게 가슴에 스며들며 전령사처럼 찾아오는 소리들이다.

소리를 가득 담고 싶었다. 내 방 앞을 지키고 있는 목련의 겨울눈은 아직 때깔조차 벗지 못했는데 땅 끝에서 물오르는 소리가 밤 내내 귓전을 울리기에 찾아 나선 곳이 대숲이 우거지고 동백이 병풍처럼 둘러친 화엄사였다.

화엄사는 백제 성왕 때 창건되어 신라, 고려 시대를 지나고 배불숭유정책排佛崇儒政策의 조선시대에도 굽히지 않고 고승들의 요람으로 굳건히 자리한 절이다. 뿐만 아니라 화엄사는 조선시대에 승병을 조직하여 왜군에 맞서 싸웠다 하여 이에 분노한 왜장 가등청정에 의해 전소되었단다. 그 뒤 인조 때부터 중건하기 시작하여 근대에 이르러 제 모습을 갖춘 절이기도 하다. 또한 부처님의 진신사리 73과가 봉안되어 있는 적멸보궁도 함께 있다. 김동리 선생의 '수목송'에서도 알 수 있듯 각황전의 기둥은 천 년이 넘는 나무를 자르지 않은 채 그대로 사용하여 보는 사람들에게 놀람과 기쁨을 함께 주고 있다.

그러나 내가 화엄사를 찾은 이유는 이 절이 단순히 이름 있는 사찰로 회자되기 때문만이 아니었다. 화엄사를 둘러싸고 있는 대숲의 노래와 겨울을 보내고 봄을 데리고 오는 계곡의 물소리, 그리고 사람들 눈에 숨은 듯 둘러친 동백나무에 찾아 오는 동박새의 울음을 들을 수 있는 곳이기 때문이었다. 가슴에 물살 짓는 그리움 같은 것을 지울 수 없었다.

대숲을 지났다. 어릴 적 어머니의 치맛자락을 붙잡고 절집으로 오르던 생각이 떠올랐다. 한겨울 대숲에서는 귀신 우는 소리가 났다. 대숲에서는 낮이나 밤이나 음험한 귀신소리가 났다. 그러나 이날의 소리는 달랐다. '쏴쏴' 약간은 차게 뺨을 간질이며 내는 소리는 봄의 전령이었다. 가슴이 시원해왔다. 저 소리를 위해 대숲은 오랜 기간 모진 추위를 견디어 냈을 것이다. 대숲의 소리에 섞여 동박새 울음이 찌이찌이 들려온다. 동백꽃 피기를 기다리는 소리다.

절 앞에 서 있는 배롱나무의 미끈한 자태에 눈이 머물렀다. 아직은 앙상하다. 몸통을 손으로 쓰다듬었다, 간지럽다는 듯이 잔가지들이 정신없이 흔들리며 낄낄거리며 웃는 소리가 난다. 봄이 오리라는 희망에 넘치는 웃음이다. 역시 배롱나무는 간지럼나무에 틀림없다. 간지럼을 태우면 참지 못하는, 꽃이 없어도 흔들리며 웃는 귀여운 자태를 보았는가. 그들만의 소리를 들어 보았는가.

우람한 기둥의 각황전을 지나 구층암九層庵 앞에 섰다. 자연 그대로였다. 3층 석탑이 그러하고 모과나무를 손질하지 않고 그대로 사용한 기둥이 그러했다. 스님의 안내로 방으로 들어섰다. 차 향내가 은은했다. 요사채 뒤에 둘러서 있는 대숲 아래서 자란다는 야생차를 우려내는 냄새였다. 대나무 아래서 이슬을 먹고 자란다고 해서 스님이 붙인 이름이 죽로야생차竹露野生茶란다. 대나무에서 떨어지는 한 방울의 이슬에 목 축이는 야생차의 자르르한 웃음소리를 들어본 적이 있는가. 웃음이 다기茶器속에 잠겼다. 손수 쪄서 발효시킨 차라고 설명했다. 작은 다기에 차를 따르는 스님의 손이 고왔다. 그 때 밖에서 나는 풍경소리가 다기 속에서 파문을 일으키고 내 마음 속에도 긴 여운으로 물살이 번져 나갔다.

차를 마신 낯선 사람들이 "스님, 잘 마셨습니다."라고 인사하며 엉덩이만 스님께 보여 드리고 앞서거니 뒤서거니 밖으로 빠져 나갔다. "허, 참 이것 혼자서는 다 씻기 어려운데…"했다. "스님, 제가 씻어 드릴게요." 빠져 나가지 못하는 내가 스님의 일을 대신하겠다고 나섰다. 뜨거운 물과 대나무 집게, 그리고 행주. 대나무 우듬지에 앉았다 가는 바람 소리를 듣고 풍경소리를 안았다. 그리고 계절이 오는 소리에 귀를 기울였다. 소리의 색깔은 오묘함이었다. 소리에 취해 제법 많은 다기를 지루한 줄 모르고 정갈히 정리했다. 스님의 선물은, 귀하다고 하는 〈죽로야생차〉 한 봉이었고 더 큰 선물은 '감격'이었다.

밖으로 나와 계곡 물소리가 나는 곳으로 발길을 옮겼다. 바로 구층암 아래였다. 얼음장 밑에서 겨우 숨을 쉬며 졸졸거리던 냇물이 얼음장을 밀어내고 제법 호기 있게 내리달리는 봄소리였다. 그래, 저 소리다. 그 소리가 좋다. 오는 봄을 맛본다.

혼자만이 느끼는 감정인 양 어깨춤으로 흥겨움을 뿜어본다.

구층암에서 내려가는 계곡 입구에 '천연기념물 485호', '수령 450년 추정'이라고 적혀 있는 〈화엄사 매화〉를 보았다. 사람이나 동물들이 뱉은 씨앗이 저절로 우람한 토종 매화로 자랐단다. 화엄사 돌매화가 자양분을 길어 올리고 있나 보다. 단아한 기품과 짙은 향내를 퍼뜨릴 꽃을 위해. 나무를 보니 틀어지고 벗겨져 있다. 물이며 자양분을 길어 올리기 위해 안간힘을 쓰고 있는 생명의 소리를 듣는다.

만물이 요동하는 소리다. 내 의식의 밑바닥에서 숨죽여 있던 소리들도 깨어 일어난다. 내면에서 들려오는 소리를 듣는다. 화려하게 눈부신, 만개한 꽃들이 사람의 가슴을 찡하게 만든다면 그것을 위해 부지런히 역사役事하는 기간은 눈물겨운 감동이다. 그것은 가슴으로 가늠하고 귓가를 스치는 바람소리로 느낄 수 있다. 소리의 흐름이며 소리의 향연이다. 새로운 탄생을 위해 아우성치는 위대한 자연의 소리에 나를 잊은 채 산을 내려왔다.

2012년 5월

달맞이길

달맞이길에 피어 있는 눈부신 벚꽃이 이울기 전에 고향에 내려와 함께 시간을 보내자는 친구의 이야기를 귓전으로 흘려보낸 지 한 달이 지났다. 그런데 베토벤의 〈월광 소나타〉를 듣고 있는 내 좁은 방을 건네다 보며 서성이는 만삭의 달을 보자 마음이 앞서 고향으로 가고 있었다. 인터넷을 뒤져 KTX 차표를 예매하고 다음날 아침 부산으로 가는 열차에 몸을 실었다.

고향! 고향을 떠나온 지 40년이라는 세월이 흘러 타향 같은 느낌이지만 항상 그곳은 그리움의 샘물이 되어 가슴에 고여 있다. 어른들은 모두 세상을 떠났고 가까운 사촌조차도 뿔뿔이 흩어져 소식이 두절된 지 오래다. 다녀가라고 이야기하는 친구도 사실은 손녀의 재롱에 빠져 있어 그저 인사에 불과할 뿐임을 알고 있다. 그러니 고향이라고 하면 역시 변하지 않는 자연이거나 사연이 얽힌 장소일 수밖에 없다. 그런 나를 알고 있는 친구는 내가 꿈을 키우던 달맞이길에 나를 초대했을 게다.

달맞이길은 달맞이고개다. 바다가 내려다보이고 해변을 낀 철로를 따라 해운대에서 송정까지 걸을 수 있는 이 길을 사람들은 흔히 달맞이길이라 불렀었다. 바다가 달을 품었다가 내놓을 때, 가까이에서 애드벌룬 같은 만월滿月을 감상할 수 있기 때문이리라. 음력 정월 보름이거나 바람 할멈이 올라간다고 하는 2월 보름에는 이 고개는 문전성시를 이루듯 했다. 돌아가신 어머니는 정월 보름보다 2월 보름에 여기를 찾으셨다. 정감 어린 달을 감상하는 것이 아니라 바람 할멈이 올라간다는 2월 보름에 소지燒紙를 올리며 소망을 빌었다. 소망이 무엇이냐고 한 번도 여쭤 본 적이 없지만 나는 그것이 나를 위함인 걸 알고 있었다. 내가 상심하며 울적한 일로 잠든 듯 누워 있을 때 어머니가 토닥여주며 마음 아파함을 자주 보아왔기 때문이다. 달을 향한 어머니의 행위는 우상숭배거나 미신이 아니라 자식에 대한 어머니의 사랑이었다. 나도 어머니처럼 빌어보긴 했지만 순전히 나를 위해서였다.

중학교 3학년 때였다. 동네 조그마한 극장에서 두 편 동시 상영하는 영화를 가슴 두근거리며 본 적이 있었다. 물론 순시 나온 선생님께 들킬 땐 엄한 벌이 기다리고 있었지만 그 두근거림과 짜릿한 감동은 잊을 수 없는 추억으로 남아 있다. 그 영화 중에 〈싱고아라〉라는 영화가 있었다. 기억할 수 있는 것은 중세기 어느 성의 성주城主가 몽유병에 걸려 집시의 딸인 싱고아라와 사랑하는 이야기였다.

그 영화에서 성주가 살고 있던 성과 같은 커다란 집이 그 달맞이고개에 있었다. 기찻길이 뻗어 있는 뒤로. 지금 생각해 보면 어느 부자의 별장이 아니었을까 생각되지만 그땐 그 집이 영화 〈싱고아라〉의 성 만큼이나 크게 느껴졌다. 내가 이 집을 처음으로 발견한 것은 그 영화를 본 후 얼마 되지 않은 때였고 투명한 햇살이 쏟아지던 초여름 일요일이었다. 그 이후, 시험이 끝난 후 좀 한가해진 시간이거나 우울하고 모든 일에 자신이 없을 때, 숲 속에 갇힌 이 집을 안식처인 양 찾아가곤 했다. 그 집의 문은 항상 잠겨 있었고 정적으로 싸여 있었다. 그 집에서는 찔레 향기 같은 게 스며 나오고 있었다. '저 집의 주인은 무엇을 갈망하기에 이 고개에 집을 짓고 문을 걸고 있는 것일까' 나는 기웃거려 보기도 하고 철문 속으로 손을 넣어 보기도 했다. 그리고 달이 떠오르는 초저녁에는 어른들 틈에 끼어 친구와 함께 그 집 앞 풀밭에서 소망을 빌곤 했다. 친구의 마음을 모르긴 하지만 둘 다 시심詩心이 마르지 않는 시인이 되게 해 달라고 빌지 않았을까. 학창 시절을 지나 성인이 되어서도 나는 항상 갈증 난 사람처럼 달맞이고개에서 넋을 빼고 앉아 있기도 했다. 무엇이 나를 그렇게 잡고 있었는지 알 수 없지만 적어도 고향을 떠나기 전까지는.

그런데 그 고개를 내가 찾아갔다. 친구로부터 많이 변했다는 얘기를 들었으나 확인하기는 처음이었다. 철길이 있는 위로 새 길이 났고 옛날의 집은 흔적도 없었다. 해운대에서 송정으로 철길을 따라가던 길은 이젠 걸어갈 수 없게 해 두었다. 가슴에선 바람이 일고 어쩔 수 없는 세월의 흐름이 파도 소리가 되어 나를 때리고 있었다. 걸을 수 있는 곳까지 걸어 보리라 생각하며 늦봄의 햇살에 나를 맡기고 걸었다.

그런데 조금 걷다 발견한 것이 〈Moontan Road〉라는 글씨였다. 언젠가 신문에서 본 길의 이름이었다. Suntan이란 말이 있듯이 Moontan이다! 작열하는 태양에 몸을 태우듯 쏟아지는 달빛에 몸을 그을린다는 뜻이리라. 달맞이길을 단지 달을 맞이하는 고개에 그치게 하는 것이 아니라 달에 몸을 태우는 길로 표현하다니! 그 조합된 영어 단어가 순전히 우리식임을 알지만 묘한 언어의 조화이다. 그 길을 누비고 있을 달빛의 이미지가 선연하다. 쏟아지는 달빛! 그 아래 벤치에라도 앉아 온몸을 태운다면……. 낭만적이긴 하나 내가 그리던 길은 아니었다.

친구는 정작 모르고 있었던 것이다. 내가 소지를 올리며 빌던 어머니의 윤기 나던 손바닥을 그리워하고, 〈싱고아라〉의 성 같은 그 음험한 집 앞에서 꿈을 키울 때를 그리워하고 있음을. 내 기억 속에 아름답게 간직되어 있는 그 달맞이길의 모습.

그러나 어쩌랴! 옛날의 그 길은 추억 속으로 떠내려가 버렸으니 나는 새로워진 길을 갈 수밖에 없었다. 바람이 늦봄의 햇살에 그을리고 있었다.

달맞이길은 젊어지고 있었다. 무엇인가를 애절히 간구하며 달을 맞기보다 열사熱砂 같은 해운대 바닷가에서 몸을 태운 뒤 달빛에 다시 몸을 태우고 그리고 그 달빛에 몸을 헹굴 젊은이들이 떠올랐다. 친구는 이렇게 황홀하게 젊어진 이 달맞이길의 벚꽃에 나를 초대했던 거다.

수첩을 보니 음력 열이레였다. 보름은 아니어도 기다렸다가 달이 떠오르면 나는 젊은이들처럼 몸을 태우지는 못하지만 햇빛을 화경火鏡에 모으듯 달빛을 모아, 복병처럼 도사리고 있는 헐렁헐렁한 욕심의 곁가지들이나 죄다 태우고 상경하리라 마음을 먹었으나 짙은 해무海霧로 다음을 기약했다. 그리고 돌아오는 찻간에서 어릴 때 엄마가 내 손을 잡고 달맞이 가며 들려주던 동요를 흥얼거렸다. 태우려던 욕심의 곁가지를 어루만지듯.

"......비단물결 남실남실 어깨춤 추고/ 머리감은 수양버들 거문고 타면/ 달밤에 소금쟁이 맴을 돈단다."

2009년 8월

안개 속으로

“아침, 5시 20분 출발입니다.” 번개팅이다. 우린 그런 경우 번개팅이라 부른다. 예고없이 일기예보에 의존해서 가능한 사람만 떠나는 출사出寫다. 추위를 이기지 못하는 내가 겨울 새벽에 떠난다는 것이 얼마나 힘든 일인가를 알면서도 연락이 오면 나는 쾌히 가능하다고 대답하고 만다.

내가 빛의 예술인 사진에 매달리게 된 것은 그리 오래 되지는 않았다. 역마살이 끼었는지 돌아다니길 좋아하는 내가, 함께 할 친구로 카메라를 택한 것이다. 나는 주로 그림자에 담긴 피사체를 사랑하는 편이다. 그림자가 주는 사진의 묘미는 많은 언어를 간직하고 있기 때문이다. 설중매 한 송이에 비켜가며 드리운 그림자라든가 동백꽃을 가린 빛살 하나, 이러한 것들이 나를 사진에서 벗어나지 못하게 하고 있다. 그뿐이 아니라 줌인(zoom-in)으로 보면 푸른 하늘이 렌즈 속에 가득 차 그 속에 내가 안기기도 한다. 자연과의 동화다. 황홀하다! 카메라를 내 친구로 삼았음에 후회가 없다.

오늘의 출사는 일출日出을 담기 위함이다. 떠오르는 태양을, 태양이 강물에 자르르 빛을 드리우는 순간을 잡고자 여러 번 시도했으나 날씨가 외면했기에 실망을 안고 돌아오곤 했다. 단지 추운 겨울 아침, 미명 속에서 기지개 켜는 자연의 숨소리를 들었다는 것에 위안을 삼았다고나 할까.

우리를 지도하는 소 선생님은 여러 번 답사를 끝내었고 일기예보를 체크한 후일게다. 팔당 능내리를 지나 천주교 공원묘지의 꼭대기가 우리가 가야 할 곳이다. 두 대의 승용차에 나누어 탄 열 명은 자신의 사진기와 삼각대를 챙기며 오늘의 일기예보가 그대로 들어맞아 멋진 태양을 잡기를 기도하는 마음으로 이야기하는 것조차 삼가고 있었다.

서울을 빠져나와 차가 속력을 내기 시작하자 아! 안개, 안개가 차를 휩싸고, 가는 길을 마치 솜사탕을 깐 듯 자욱히 드리우고 있었다. 그 순간 나는 내가 떠오르는 태양을 담기 위해 가고 있는 사람임을 잊어 버렸다.

'무진을 둘러싸고 있는 산들도 안개에 의하여 보이지 않는 먼 곳으로 유배당해 버리고 없었다… 사람들로 하여금 해를, 바람을 간절히 부르게 하는 무진의 안개….'라는 구절들로 나를 그리도 잡아 흔들던 김승옥의 '무진기행' 속으로 이미 들어가 헤쳐 나올 수가 없었다. 릴케의 '두이노의 비가' 이상으로 내 감성을 흔들어 그 소설의 구절들을 욀 만큼 매료되었던 작품과 그 속에 내내 흐르던 그 안개, 그 안개가 내 앞에 펼쳐진 것이다. 가슴이 저려왔다. 나는 꿈 많던 나로 돌아가 허우적이며 안개 외에는 아무것도 보이지 않았다. 한참을 달리던 차 속에서 사람들의 소리가 내 귀를 스쳤다. "안개가 걷히고 있군요." 그때서야 나도 '당신은 무진읍을 떠나고 있습니다. 안녕히 가십시오'라는 소설의 마지막 구절에서 나를 일으켜 세울 수 있었다.

팔당의 천주교 공동묘지는 더할 수 없는 산꼭대기였다. 꼬불꼬불한 길을 두 대의 승용차는 누비며 올라갔다. 아직 어둠은 걷힐 기색이 없어 랜턴으로 앞을 밝히며 좋은 자리를 잡느라 서로 부산을 떨었다. 나는 무엇보다 추위를 견딜 수 없었다. 등산용 양말을 두 켤레나 신었으나 아래로부터 올라오는 한기로 더 이상 거기서 나를 버틸 수가 없었다. '에라, 모르겠다. 태양아 솟아라. 네 맘대로 솟아라.' 그리고는 차 속에 들어가 몸을 녹이기로 했다. 어둠이 안개 걷히듯 물러가고 미명이 찾아옴이 창밖으로 보였다. 한기가 가시면서 졸음이 왔다. 얼마쯤일까.

"태양이다, 안개가 걷혔다!" 환호 소리에 놀라 뛰쳐나왔더니 이미 다른 사람들은 강물을 조금씩 물들이며 떠오르는 태양에 기쁨을 감추지 못한 채 연속 셔터만 누르고 있었다. 우리 팀만이 아니라 많은 사람들이 추위를 잊고 더 나은 장면을 찍느라 여념이 없었다. 나는 이미 좋은 자리는 놓쳤으니 남들을 피해 서걱거리는 억새가 남아 있는 곳으로 가서는 억새 사이로 들어오는 태양을 잡아 보았다. 그렇다, 이것이 '나'다운 것이다. 정면보다는 옆면이나 뒷면을 좋아하는 내가 태양을 찍는 방법은 또 다른 하나의 피사체를 통해 내게 온 태양을 찍는 것이다. 마음에 들었다. 나의 최선이었고 내가 좋아하는 구도이기도 했다.

"철수합니다." 몇 번 카메라를 잡지도 않았는데…. "두물머리로 갑니다." 다시 차에 오른 우리들은 두물머리로 옮겼으며 거기에서 나는 강물에 빠진 빛살과 숲의 음영을 내 나름대로 찍었다. 안개가 걷힌 아침, 떠오르는 태양을 웬만큼 렌즈에 담자 그제야 몇 시간을 추위에 떨었던 몸을 추스르기 위해 우리 일행은 차속으로 들어갔다. 그리고 따끈한 차 한 잔이 아쉽다고 입을 모았다.

그때 "뜨거운 커피를 준비했어요." 이 번개팅에 빠진 적이 없는 홍 선생 내외분이 큰 보온병 두 개에 커피를 끓여 왔단다. 눈이 번쩍 뜨였다. 목을 타고 내려가는 커피 한 모금이 이렇게 맛있을 수가 있을까! 어떤 커피점에서도 맛볼 수 없는 짜릿함이었다. 커피 한 잔! 열 명의 추위를 녹여 준 그 배려, 밤중에 커피를 준비했을 두 분의 따뜻한 마음에 덕담이 오가고 웃음꽃이 피었다. 몸이 서서히 데워지고 내 잔 위로 엷게 오르는 김을 보자 그때서야 지독한 안개를 헤치고 갔다는 생각에 깜짝 놀랐다. 운전한 두 김 선생은 얼마나 가슴 졸이는 시간을 가졌을까. 내가 소설 속의 안개와 사라진 젊음 속을 유영하고 있을 때 두 차의 김 선생들은 안전하게 목적지까지 인도해야 한다는 일념이었을 게다.

내 생각을 자르듯 누군가 말을 꺼냈다. 몸이 풀리니 멈추었던 생각도 풀리나 보다. “두 김 선생 수고했어요. 그런 안개는 처음 봤어요. 내내 기도 했어요.” 그 말에 모두 공감하며 한 마디씩 건네고 따끈한 커피 잔을 들며 건배하듯 한 번 더 홍 선생 내외와 운전한 두 사람에게 고마움을 전했다.

그렇다! 커피 한 잔은 위안이었다. 커피 속에, 시린 겨울 아침과 가슴 졸였던 안개도 묻었고 하루를 밝히는, 그 안개를 쫓아버린 태양도 담았다. 그리고 나는 내 부끄러움을 잔속에 빠뜨렸다. 그러자, 여러 사람들의 작은 희생이, 그 얼굴 하나하나가 커피 잔 속에 오래오래 내가 좋아하는 그림자로, 피사체로 남아 있었다.

2009년 1월

축제

축제는 가슴 설렘이다. 흥이 있고 먹거리가 있고, 춤이 있고, 노래가 있다. 무엇보다 어우러짐이 있다. 그러기에 어떤 축제든 비 갠 후의 무지개 같이 눈부시다.

새내기 대학생일 때 친구들이 기다리는 것은 축제였다. 짝이 있음을 드러내며 과시할 수 있는 기회도 그때였다. 학년이 올라갈 때마다 조금씩 시들해지기도 했지만. 그러나 나는 한 번도 학교 축제에 참가한 적이 없었다. 지금 생각해 보아도 〈어우러짐〉에 서툴렀기 때문이었다. 어우러짐은 격려며 배려였는데….

축제가 시작되는 계절이다. 봄이 팡파르를 울리면 이곳저곳에서 지방 축제가 열리기 시작한다. 지자체의 활성화로 지방마다 축제가 없는 곳이 없고, 학교 축제보다는 참석할 수 있는 범위가 넓으니 해마다 우후죽순처럼 불어나기만 한다. 특산물을 내세운 축제, 자연을 앞세운 축제, 인물을 드높이는 축제, 종교 축제, 종류도 다양하고 가지 수도 많다. 우리나라의 축제 행사표를 열람해 보니 '죽장망혜竹杖芒鞋 단표자單瓢子'로 나서기만 해도 일 년의 반 이상을 축제의 마당에서 충분히 먹고 마실 수 있을 것 같다. 축제의 축제다.

축제의 홍수 때문에 그 본연의 빛을 잃어간다고, 축제를 규제하거나 정리해야 한다는 목소리가 높아지고 있다. 그러다 보니 지방마다, 단체마다 색다른 축제로 사람들의 환심을 끌고자 각축전을 벌이게 되고 덩달아 축제 컨설팅 회사도 생겨났다. 그렇지만 컨설팅 회사도 무궁무진한 아이디어를 짜내기엔 무리인가 보다. 단지 이곳에서의 품바들의 각설이타령이 조금 더 멀리 가서 하는 정도라고나 할까.

그러나 이것도 우리의 '축제'가 자리 잡아 가는 과정이라 생각하기에 성급하게 단안을 내리기보다는 기쁨으로 계절을 맞고 보내듯 그저 지나다 보면 저절로 정리되고 정착되리라 믿는다. 그것이 바로 문화가 아니겠는가.

이렇듯 사람들이 벌이는 다양한 축제가 있지만 내가 좋아하는 축제는 자연이 스스로 벌이는 축제다. 계절마다 쑥쑥 빚어내는, 자연이 베푸는 향연, 페스티발!

얼마 전 지인이 공주의 태화산 자락 마곡사麻谷寺의 신록에 초대했다. 춘 마곡春麻谷이라고 하는 말이 무색하지 않게 마곡

사는 푸름에 멱을 감고 있었다. 그냥 푸름이 아니었다, 여러 음색을 지닌 악기였다.

갈참나무와 단풍나무 잎새는 아직 '잼잼'하기에도 먼 고물고물, 꼼지락거리는 애기 손이었다. 꽃을 떨어뜨린 벚나무는 이미 유년을 지나 조금씩 춤을 추고 있었다. 캔버스에 담는다면 노랑에서 연두로, 연두에서 초록으로 변해가는 색깔들이 줄잡아 쉰은 넘지 않았을까. 미묘하게 다른 그 초록의 흐드러짐. 내 점퍼에서도 푸른 물이 뚝뚝 떨어졌다.

겨우 내내 도마질을 하듯 장만하여 이 봄의 축제를 위해 마련해 낸 잘 차려진 한 상의 밥상이었다. 그들은 서로 위로하고 격려하며 어우러져 멋진 축제를 열어 우리를 초대한 것이었다. 꽃은 꽃대로 잎은 잎대로 그들이 장만해서 펼치는 축제를 감히 어느 단체가, 어느 컨설팅 회사가 따라갈 수 있단 말인가.

'솔바람길'을 걸었다. 떨어진 솔잎들이 초대된 손님들에게 레드 카펫 같은 갈색의 융단을 깔아 놓고 마른 소리를 내고 있었다. 최상의 대접이었다. 솔바람 위에 또 다른 바람이 와서 앉았다. 제비꽃이며 풀꽃들이 디저트처럼 곁들여져 있었다. 축제를 더 환하게 밝혀주던 은은한 풍경 소리와 새 소리. 귀를 씻어 주던 마곡천의 물소리. 옮겨 앉는 새들의 날갯짓. 춤과 노래가 어우러져 한바탕 축제장을 이루었다.

자연은 이 축제로 한해를 마감하는 것이 아니다. 식상할 때가 되기도 전에 펼쳤던 장을 모두 거두고 또 새로운 축제를 마련하고 손님을 초대한다. 녹음방초綠陰芳草라고 하지 않던가. 산그늘이 내려앉고 매미의 울음이 뜨악해질 때까지 벌이는 잔치. 손님들은 어느 때보다 많아진다. 초대된 이들의 가슴이 서늘해지면 병풍으로 치장하는 또 하나의 축제. 둘러보는 곳마다 활화산이다. 색을 빼앗긴 노랑머리다. 그러다가 기진할 때쯤에 가서는 화려한 옷을 벗고 하얀 웨딩드레스로 수줍은 새색시가 되어 가장 경건하게 우리를 초대한다.

이 초대에 어찌 응하지 않을 수 있겠는가. 이러한 초대가 정말 좋다. 그들의 어우러짐이 좋다. 거기에는 어우러짐의 균형과 화합이 있기에 아름다움이 있다. 만약 나무 한 그루, 풀잎 하나로 초대한다면 누가 선뜻 응하겠는가.

돌아오는 길에 지인도 말이 없었다. 그러한 자연의 초대에 압도된 탓이리라. 그러나 침묵 속에 다가온 것은 인생의 길이 축제의 연속이지 않았을까 하는 것이었다. 자연이 빚어내는 순수한 축제보다 더 위대하고 아름다운 축제! 우리는 태어나면서부터 축제의 주인공으로 많은 사람들을 불러 모으지 않았을까. 탄생의 울음을 터뜨린 그날부터 분명 축제의 주인공이었다. 살아오는 길에 많은 사람들이 우리를 위해 박수치며 축하객으로 있어 준 그 어우러짐의 위대함을 모르고 있었을 뿐이다. 걸어온 길을 돌아보니 나도 구경꾼이 아니라 정작 축제의 주인공이었음을 깨닫는다.

마지막 종언을 고하게 되는 날, 축제 속에 살아 온 나는 내

축하객으로 평생을 지켜 봐 준 모든 이들에게 감사하는 마음으로 술잔을 높이 들고 "고마웠습니다." 라고 말할 것이다. 당신들로 인해 나는 가장 아름다운 축제의 주인공일 수 있었다는 말을 곁들이면서….

2010년 5월

청계천변을 걸으며

"그 자리에 그대로 있어 줘서 고마워요."

물소리에 섞인 채 들려온 그의 말이었다, 오랜 이민생활로 고국산천이 모두 낯설기만 할 것 같은 그에게 안내한 곳은 청계천이었다. 바람이 몸을 헹궈내고는 달아나고 치어稚魚들이 재바르게 온몸을 흔들며 작은 물살을 타고 있었다. 내가 그 자리에 있는 것이 고마운 것이 아니라 가슴 따뜻하게 그를 맞는 고국의 바람이며, 물소리, 아니 산천초목 모두가 고맙다는 뜻일 게다. 그리고 언제까지나 그 자리에 있어달라는 이야기도 내가 아닌, 밟으며 지나가는 이 자리들이라는 것을 알기에 말없이 고개를 끄덕였다.

나는 청계천변 걷기를 좋아한다. 무성히 자라는 이름 없는 잡초까지도 사랑스럽다.

세월 따라 흐르는 물소리가 정겹고 계절에 발맞추는 억새들의 몸놀림도 좋다. 옛날, 짬 없이 드나들던 청계천의 헌 책방에서 내 시집을 발견했을 때의 놀람을 회억할 수 있어 그것조차도 가슴 뭉클한 곳이다.

슈퍼문이라는 이번 추석의 보름달이 하늘에 매달려 있기 힘들어 철퍼덕 청계천 물속에 빠져 있지나 않을까 웃음 머금으며 이르게 집을 나섰다. 내가 걷기 시작하는 곳은 청계3가쯤 된다. 청계천을 걸으며 스물 두 개의 다리마다 마음 하나씩 걸어두고 헤엄치는 물고기들과도 얘기를 나누며 걷는 것만큼 재미있는 놀이도 없는 것 같다. 달그림자는 보이지 않지만 내 놀이는 시작되었다.

모래흙을 다져서 만든 길이 내게 편안함으로 다가온다. 사람들의 발길에 짓이겨져 부서지면 다시 모래로 돌아갈 그 자연에의 귀환이 마음에 든다. 쉬엄쉬엄 걷는 눈앞을 고추잠자리가 가린다. 물 위에는 잠자리 두 마리가 사랑놀이하듯 배회를 하고 있다. 풀잎 한 잎 꺾어 던졌더니 그 잎을 가을바람이 가로채듯 받아 물 위에 떨어뜨리고 만다. 바람에 맞서듯 걸음을 재촉하여 옛 빨래터를 찾는다. 여인들이 모여서 나누는 웃음소리가 연방 들려올 것만 같다. 빨래터를 지났으니 아마 신설동쯤인가 보다. 풍물시장으로 가는 길의 안내가 나를 유혹했다. 오늘은 지나쳐 걸으리라 생각한 것은 잘못이었다. 어찌 참새가 방앗간 앞을 그냥 지나치랴. 일상처럼 풍물시장에 들어

서서는 내 방을 밝히는 램프에 불을 붙이기 위해 긴 라이터를 샀다. 국산이라는 말에 에누리 없이 값을 치르고 흥얼거리며 다시 내려섰다. 내 놀이는 늘 여기가 반환점이지만 오늘은 중랑천이 청계천과 입맞춤을 한다는 살곶이공원까지 가리라 작정하고 나선 터였다. 얼마를 걸었을까. 빠르던 물살도 호흡을 고르듯 천천히 소리 없이 흐르고 있었다. 자전거길이 나오고 화사한 색깔의 옷들이 자전거를 굴리고 코스모스가 간들거리는 길섶을 따라 달리는 은륜이 눈부셨다.

드디어 도착했다. 고산자교에서 중랑천 합류부까지는 철새보호구역이라는 팻말이 처음 찾아온 나를 반겼다. 내려다보이는 곳에는 중랑천이 몸단장한 신부처럼 청계천을 향해 구부러지며 흘러오고 있었다. 세워 둔 망원경에 눈을 대는 순간, 자주 보는 쇠오리, 그리고 고방오리, 검둥오리, 왜가리, 백로의 날갯짓이 반가움으로 가슴을 설레게 했다.

만남이었다. 중랑천이 청계천으로 유입된 만남이었다. 두 물은 몸을 섞는 의식처럼 아주 조용히 그리고 유유히 흐르고 있었다. 한 발로 서 있기도, 날기도, 물살을 헤집기도 하는 철새들은 만남의 축하객이었다. 수도 서울을 적셔주는 작은 개천, 청계천은 태백에 근원을 둔 우리의 젖줄, 한강과 동행하기 위해 빠르게 흘러가고 있었다. 또 하나의 지류를 데리고 간다는 자부심을 갖고 가기에 도도한 것일까. 가을 햇살에 금빛으로 부서지며 하나가 되어 흘러가는 물살을 보며 만남은 새로운 창조인지도 모르겠다는 생각을 했다. 청계천은 한강과 동행하여 빈 가슴의 바다로 흘러가 또 하나의 다른 모습으로 탄생할 것이기 때문이었다.

그를 다시 만나는 날, 이곳에 나란히 서리라. 그 때도 고맙다는 말을 건네 오면 흐르는 역사처럼 유장한 강물이, 산야가 영원히 기다리고 있다고 말해 주리라.

2014년 9월

꽃 진 자리, 불갑사에서

유년의 기억이 아직까지도 잊히지 않고 따라다니는 것일까. 엄마의 치맛자락을 잡고 절집에 가던 때가 그리운 것은 엄마에 대한 그리움의 편린인지도 모르겠다. 종교와는 아무 관계가 없는 절집에 대한 향수이다. 소리 없이 타고 있는 향불의 흔들림. 엄마의 백팔 번의 절. 기다리는 것이 지루했지만 신기했던 절집의 기억은 엄청난 무게와 깊이를 갖고 있다. 그러다 보니 절에서 이루어지는 행사이거나 축제 같은 것이 눈에 선해 늘 이것저것 뒤지게 된다.

지루했던 여름이 서서히 물러가고 있을 즈음 그리움으로 목 쉰 듯한 상사화가 제철이라는 생각이 그때서야 났다. 상사화는 절집 마당이거나 부근의 산야에 피어 있는 것이 제격이다. 어영부영 하는 사이에 계절이 저만큼 달아나고 있는데도 한 송이쯤은 기다리고 있으리라 생각하며 나선 길이었다.

전남 영광 모악산 불갑사佛甲寺. 불갑사는 산 너머에 있는 용천사와 함께 피안화(일명 상사화)로 불교의 세계를 펼쳐놓은 듯한 사찰로 널리 알려져 있다. 그것이 이 사찰을 이름나게 한 것은 물론 아니다. 인도 간다라 출신의 고승 마라난타가 백제 침류왕 원년(384년)에 영광 법성포로 들어와 모악산 자락에 최초로 창건한 백제 불교 초전 성지이다. 불교가 전해진 이후 처음 건립되어 모든 사찰의 으뜸이며 근본이 되었다 하여 부처 불佛, 첫째 갑甲자를 써서 불갑사라 이름 한단다.

서울에서 꽤나 먼 거리로 느껴지지만 사실 당일에 가능하다면 그리 먼 거리도 아니리라.

아침 7시 50분에 출발한 버스는 강남 센트럴터미널에서 3시간 40분 만에 정확히 영광 버스터미널에 도착했다. 영광도 역시 나이 많은 분들이 비어가는 마을을 지키고 있는 셈이었다. 병원에 다녀오는 길인지 아니면 명절을 앞두고 장에 들렀는지 한 아름 약국 이름이 쓰인 봉지나 보따리들을 들고 담담한 얼굴로 군내로 떠날 버스를 기다리고 있었다. 나도 그들과 하나이듯 사람들 옆에 앉았다.

불갑사 가는 군내 버스는 한 시간에 한 대로 요금은 1300원이었다. 한참 만에 버스는 도착했고 허리 굽은 할머니 할아버지들이 차를 메우기 시작했다. 내 옆에 앉은 할머니는 나를 아래위로 훑어보더니 이것저것 묻기 시작했다. 그러더니 식사를 하려면 식당이 많은 사찰 앞에서 몇 번째 집에 들러야 맛있는 밥을 먹을 수 있다고, 잊지 말고 그 집에 가라고까지 했다. 살갑게 느껴지기에 전혀 귀찮지 않았다. 그저 웃음을 머금었다.

〈천년의 빛 영광〉이라는 플래카드며 상사화 축제가 있었던 흔적이 남아 있는 길을 달리는 군내 버스의 허리에도 상사화는 그려져 있었다.

이미 상사화는 펼쳤던 장막을 거두어들이고 있었다. 사찰 안으로 들어섰다. 고즈넉한 사찰엔 발걸음도 뜸했다. 대부분의 사람들이 상사화의 밭으로 가 버린 것 같았다. 두근거리며 불그스레한 밭길로 발걸음을 옮겼다.

꽃 진 자리. 가져 간 카메라를 무색케 하며 돌아가고 있는 꽃무리. 그러나 그들을 열심히 주워 모았다. 대웅전 속에서 피어나는 향화처럼 내 카메라의 앵글 속에 기운 잃어가는 그들을 담아 싱싱히 되살려 보리라 생각하며.

멀리 연인을 떠나보낸 듯한 허전함이 몰려오는 것은 이름 탓인지도 모를 일이었다. 잎이 꽃을 만나지 못하니 가슴 아프고 꽃이 잎을 그리워하니 애타기만 하다. 영원히 이루어지지 않을 사랑인 줄 알면서도 해바라기 하듯 그리워하는 꽃무리여.

산자락은 온통 불바다였나 보다. 아직도 그 붉음이 흔적을 남겨 눈부시기만 했다. 소중하고 고운임을 만난 듯 남아 있는 꽃들을 살포시 더듬었다. 붉은 마음이 내게로 왔다. 열정이며 그리움의 극치다. 그리움은 살아 있는 날의 환희다. 한참을 저물어가는 상사화 밭에서 노닐다 산책로를 따라 걸었다. 하늘이 빠진 호수가 거기에 있었다. 아니, 숲이 통째로 빠졌다. 사람들이 지친 몸을 헹구고는 언어들을 버리고 갔을까. 호수에 나도 그리움을 던졌다. 아무도 투망질 할 수 없게 멀리멀리 던졌다.

물수제비뜨듯 일어나는 파문이 가슴에서 떨었다. 네가 나를 그리워하듯 나도 널 그리워함을 알까. 아! 가을이구나.

2013년 9월

푸른 소리

여수 오동도 그리고 순천만

엑스포도 끝난 여수, 카니발이 끝난 뒤의 무대처럼 쓸쓸하지는 않았다. 한 번만의 행사를 위해 흘린 땀이 너무 아까워 타지에서 오는 관광객들을 위해 새로운 볼거리를 창출하고 있었다.

타는 불볕 오동도

오동도는 3월쯤이라야 제 목소리를 내는 곳이란다. 그것은 그때쯤이라야 진홍의 핏빛 동백이 피어나 사람들을 매혹시키기도 하고 가슴 저리게도 하기 때문이다. 여름에 찾는 오동도는 푸름밖에 없었다. 푸름을 품고 있었다. 아니, 엑스포가 열린 곳과 마주하며 싱싱하게 피어오르고 있었다. 튀어 오르는 한 마리의 물고기처럼 여기저기 푸른 소리가 들리는 것 같았다. 산책길을 걸었다. 동백을 읊은 시도 보이는가 하면 꽃이 아니라도 넉넉히 아름다울 수 있다는 듯이 잎은 반지레한 새악시의 머릿결이었다. 푸른 소리가 사그라지면 꽃이 피리라. 진홍으로 피어나리라. 젊음이 익어가는 소리를, 개화를 위해 부지런히 걸음을 옮기는 발자국 소리를 들었다.

구름이 내려와 앉은 순천만 갈대

누렇게 익은 갈대라야 제 맛인데 염천에 왜 여기에 들렀느냐고 이곳저곳에서 나오는 소리들을 귓가로 흘리며 갈대밭을 걸었다. 푸른 갈대밭을 걷기는 처음이었다. 사진 동아리에서 올 때도 벼이삭처럼 누렇게 피어나 푸른 하늘을 향해 손 흔드는 갈대를 찍기 위함이었고 S자의 유연한 뱃길을 따라오는 작은 배들이 앵글을 즐겁게 하기에 들르는 곳이었다.

그러나 따가운 볕살 아래 펄럭이는 갈대는 청춘이었다. 피 끓는 청춘이었다. 등뼈 곧추 세운 채 푸른 노래를 질펀히 뿌려놓고 있었다. 푸름은 무엇이었던가. 희망이었다. 샘솟는 의욕이었다.

지나가던 사람이 구름을 보더니 '어디 저게 구름인가, 핵폭탄 후에 오는 가스 같은 거지.' 라며 뭉게뭉게 피어오르는 구름을 보고 무심히 던지고 갔다. 청정한 공기 속을 휑하니 달려와 갈대밭에 내리쏟고 있었다. 갈대는 그 구름을 무척이나 목말라한 듯 벌컥벌컥 폐부까지 들이마시고 있었다.

젊음을 잘 살아낸 후에 오는 영광 같은 것. 그것은 늙은 갈대의 모습이며 그런 모습으로 다가가기 위해 뙤약볕 아래 푸름을 더 열심히 살아내고 있는 지도 모를 일이었다.

푸른 갈대. 그것은 젊은 날의 내 모습을 생각나게 했다. 늘 푸르게만 있으리라는 맹신 때문에 훗날 소담스런 열매가 풍성하게 맺히리라는 생각을 가져본 적이 없었다. 실현하고자 하는 의욕과 용기만이 인생을 살아내는 무기라 생각했기에 바로 그 순간에 모든 것을 이루어 쟁취할 수 없었을 때에는 더할 수 없는 좌절에 빠지기도 했다. 젊음이란 제때에 이루어야 몫을 다함이라고 생각했을 뿐, 미래에 대한 준비 과정이라는 개념은 아예 용납되지 않는 상황이라 여기며 지내왔다.

젊음이란 개화에 눈 뜨는 시기이기도 하지만 늦물의 달콤한 과일을 위해 거쳐야 하는 인내와 기다림의 자세를 익혀야 할 때임을 푸른 갈대를 보면서 새삼스레 느꼈다.

굽이굽이 갈대밭을 지났다. 잘 자라 누렇게 출렁일 내일을 위해 더욱 푸르게 힘껏 치솟고 있는 갈대들의 웅성거리고 있는 소리를 들었다. 그리고 누렇게 된 내 모습이 따가운 여름을 성실히 살아낸 후에 맞이하는, 그리하여 황금빛으로 찬란히 빛나는 모습인지 살그머니 꺼내어 보았다.

2013년 8월

낙엽, 일어서다

기차를 탔다. 무궁화호는 미련퉁이처럼 역을 빠져나갔다. 새벽녘 인터넷으로 예매한 충북 영동으로 가는 차 표 한 장이 나를 싣고 떠났다. 가을이 가고 있었다. 구름이 흘렀다. 가을은 그냥 떠나기만 하는 것일까. 잔잔한 애수만 남겨 두고.

영동의 천태산. 이 산의 문지기처럼 서 있는 영국사寧國寺의 은행나무를 찾아 나선 길이었다. 영국사는 신라 때 원각대사가 창건했다고 전해지나 정확히는 알 수 없다. 단지 고려 공민왕이 홍건적의 난을 피해 이곳까지 피난 왔다가 홍건적을 물리치고 개경 수복한 후 '나라를 편안하게 한다'는 뜻으로 절 이름을 영국사로 바꾸었다고 한다. 이 은행나무 역시 국난을 꿋꿋이 이겨낸 나무라서, 나라에 난이 있을 때마다 큰소리로 울었다고 하니 그 기개와 지조가 만만치 않다. 이렇듯 영국사 앞마당에 망부석처럼 서 있는 은행나무는 천년 고찰을 지키는 거목답게 천연기념물 223호로 지정되어 있었다. 그리고 그 곁에는 계곡이 있어 은행나무의 젖줄이 되어 주고 있었다.

우람했다. 천 년을 살아온 은행나무는 여느 해와 마찬가지로 무겁게 짊어지고 있던 가을의 껍질을 하나씩 벗고 있었다. 아니, 보내고 있었다. 하롱하롱 노란 잎이 바닥에서 뒹굴고 있었다.

나무를 바라보았다. 천 년을 견뎌 온 거목의 그림자가 나를 덮쳤다. 아기의 새끼손가락 같았던 푸른 잎을 밀어 올리던 날의 대견함과 열매를 배태胚胎했던 날의 의연하지만 힘겨웠던 모습에서 이젠 넉넉히 나눈, 그리고는 빈손으로 돌아가는 담담한 모습이 처연히 바라보는 내 가슴 한쪽 고랑으로 여울져 흐르고 있었다. 천 년이었다. 물론 억겁에야 무슨 재간으로 따르겠는가. 그러나 유장한 세월을 살아왔기에 동서남북으로 퍼져 있는 가지 하나가 땅으로 내려와 새로운 하나의 나무가 되어 자라고 있었다. 천 년의 세월을 헛되이 산 것은 아니었다. 갈라져 나간 나무도 어미를 닮은 새끼망아지처럼 웬만한 가로수보다 더 크게 자라고 있었다. 천 년의 얼굴은 뒹구는 한 잎의 낙엽 속에, 엽맥 속에 숨 쉬고 있었다. 잎새 하나는 부박한 날들을 견뎌낸 그의 생이었다. 거기에 희망 하나를 심어 두고 내려왔다.

그림자가 오래도록 따라오고 있었다. 가을의 잔해들이 군데군데 숨 쉬고 있었다. 달리는 차의 입김을 따라 강아지처럼 뒹굴며 따라가는 낙엽이며 '감의 고장'이라는 명칭에 어울리게 집집마다 주렁주렁 매달린 감의 퍼레이드. 어느 날 호랑이보다 무서운 곶감이 되리니. 가을바람이 앞서가는 사람의 머리칼을 휘저어놓았다.

바람이 가는 방향을 따라가다 보니 영동역 건너 용두공원에 다다랐다. 벤치엔 낙엽이 앉아 있었다. 바람이 불기 시작했다. 그 순간 놀라고 말았다. 잔디 위에 떨어져 있는 단풍들이 푸른 풀들과 함께 동물원에서 보았던 '미어 캣'처럼 빳빳이 일어서는 게 아닌가. 아, 풀이 서는구나. 낙엽은 밟히며, 구르며 그러면서 가는 게 아니구나. 직립이 되어 바람을 뚫으며 걷기도 하는구나. 입 밖으로 새어나온 김수영 시인의 '풀'

〈............ 풀이 눕는다.
바람보다도 더 빨리 눕는다.
바람보다도 더 빨리 울고
바람보다 먼저 일어난다.
날이 흐리고 풀이 눕는다.
발목까지 눕는다.
바람보다 늦게 누워도
바람보다 먼저 일어나고
바람보다 늦게 울어도
바람보다 먼저 웃는다.
날이 흐리고 풀뿌리가 눕는다〉

만상이 그러했다. 숨죽이며 사는 듯 했으나 의식하며 빳빳이 목 줄기 들 줄 아는 생명이었다. 생명을 가진 모든 것들은 자신의 존재 가치를 간직한 채 살아가는 것이었다. 풀도 잎새 하나도 마찬 가지였다. 죽는 순간까지도 자존이었다. 쉽게 쓰러지지 않는 의지였다. 꽃으로 잎으로 푸름으로 한 생을 즐거움과 기쁨을 나누어주고 의연한 모습으로 돌아가며 '나 가노라' 인사하듯 손짓하는 모습이었다.

바람이 불었다. 잠시 쉬듯 누웠던 풀들이 일어서자 카메라 앵글에 담겼던 노랑, 빨강, 주황, 갈색의 낙엽들이 일시에 줄줄이 일어섰다. 펼쳐진 푸른 무대에서 벌이는 카니발이었다. 애드벌룬이라도 띄우고 싶었다.

살갑고 경이로운 그들을 뒤로하고 공원을 빠져 나오는데 전구알 같은 감 두 개가 그네 타듯 흔들리며 낙엽을 내려다보고 있었다. 아직은 소임이 끝나지 않은 양. 할 일을 마치고는 일어섰다 누웠다 되새김질하는 낙엽에게 곧 까치의 한 끼 식사라도 되어 생을 마무리하고 가리라 인사라도 하는 듯.

가을이었다. 천 년을 지켜 온 그 은행나무도 저런 기개로 버텨왔나 보다. 유장한 세월을. 낙엽이 일어섰다. 가을은 애잔함이 아니라 품고, 베풀고, 할 일을 다 마치고 돌아가는 성자의 모습들이었다.

2012년 10월

겨울 바다

내가 태어난 곳은 바다가 있는 곳이다. 만선滿船을 기원하며 울긋불긋한 깃발 아래 두들기던 북소리와 미명 속에서 출범을 서두르는 뱃고동을 들으며 나이를 더해갔다. 그래서인지 바다는 영원한 나의 향수이며 가장 아늑한 안식처로 내 기억 속에 도사리고 있다.

감수성이 예민했던 학창 시절, 아버지의 모습이 한 줌의 재가 되어 바다 위로 뿌려질 때 그리고 몇 년 후, 어머님이 다시 한 줌의 재로 비 뿌리던 바다 위로 깃털처럼 날려질 때 바다는 나의 울음을, 그리고 침묵을 조용히 받아들이며 숨 쉬고 있었다. 말없는 위안, 바다는 넉넉히 그 어려운 작업을 해 내어 주었다. 그 이후 시간이 날 때마다 바다가 내려다보이는 언덕을 찾았다. Prussian blue의 신비한 바탕 위로 계절은 짬 없이 넘나들고 있었고 원시적인 음성으로 포효咆哮하는 파도와 가끔 빗방울이 떨어질 때의 뽀얀 풍경을 보고 있노라면 포세이돈* 의 딸이라도 된 듯한 착각 속에 빠지곤 했다.

바다라고 하면 유독 겨울 바다여야 한다고 우기는 것은 무슨 연유일까. 많은 사람들이 다투며 찾아왔다가는 철새처럼 가 버린 뒤, 그 그림자들을 생각하며 가만히 숨을 몰아쉬고는, 허허로움을 새로운 기다림으로 지키고 있는 겨울 바다는 여느 철의 바다보다 아름답고 황홀하기 때문이다. 또 애절한 음조로 번민과 상심을 씻어 주기도, 달래 주기도 하기에 삽상한 갯냄새, 비 뿌리는 겨울 바다를 나는 좋아한다.

40여 년 전 서울로 이사 왔을 때 가장 아쉬운 것은 바다를 볼 수 없는 것이었다. 우리의 젖줄이라고 하는 한강이 그 위용을 드러내고는 있지만 철썩이는 파도 소리와 '끼룩 끼룩' 물새가 울어대는 바다를 대신할 수는 없었다. 그러다 찾게 된 곳이 인천 바다다. 단지 가깝다는 이유로.

그러니까 서울로 온 지 한 2 년이 지난, 겨울이었다. 길눈이 어두운 나는 길눈이 밝아 앞장 서 주는 제자와 함께 처음으로 인천 바다를 찾았다. 지금은 전철로도 갈 수 있지만 그땐 삼화고속버스를 탔다. 서울역에서 약 한 시간의 거리니 서울의 변두리만한 시간밖에 걸리지 않았다. 인천의 바다 규모는 내 고향 부산의 바다만큼은 아니었다. 그러나 그곳에서 알게 된 곳이 아암도라는 돌섬이었다. 평야처럼 넓은 개펄이 질편히 누워 있는 곳에 징검다리 건너듯 겨우 한 사람씩 갈 수 있게 돌다리가 놓여 있고 그 너머로 돌섬이 보였다.

이름하여 아암도! 썰물이 되어 물이 빠져 나간 바다엔 바람의 그림자만이 조개 무덤처럼 남아 있는데 인적이 끊어진 바다는 죽은 듯 고요했다. 나를 따라 나선 제자는 즐거운 듯 나이에 어울리지 않게 겅중겅중 뛰며 앞질러 갔다. 나만큼이나 겨울을, 겨울 바다를 좋아하는 그는 연신 이곳저곳을 설명하며 찬 가슴을 갯냄새로 데워 가고 있었다. 돌섬에 닿았을 때, 하늘은 잿빛으로 내려앉아 있었고 조그마한 가게는 여름의 화려했던 기억을 더듬으며 드문드문 찾아오는 손님을 위해 문을 열어 두고 있었다.

나뒹굴고 있는 비치파라솔, 색이 바래어 뉘어져 있는 보트…. 이러한 것들은 겨울 바다만이 품을 수 있는 것이었다. 바다를 바라보았다. 아, 나는 거기서 겨울 바다의 새로운 모습을 발견하고 말았다. 동물원에 끌려 온 야수가 밀림의 고향을 못 잊고 추억을 반추하듯, 바다는 즐거웠던 지난날을 그리며 또 새로운 가능을 꿈꾸고 있었다. 그리고 내가 화려하진 않지만 즐겁고 슬펐던 유년을 그리워하듯 바다는 무언가 한없이 갈망하고 있었다. 차라리 펑펑 눈이라도 쏟아지기를 기다리고 있는지도 모를 일이었다. 분명, 추위에 웅크린 자세는 아니었다. 새봄에 대한 기대였다. 그리고 춤추고 펄떡이며 사람들의 갈채에 기쁨을 얻는 그날을 위한 준비였다.

아암도에서 돌아온 이후 겨울 바다의 모습은 내게 기다림으로, 아니 묵도默禱의 모습으로 남아 있다. 그러기에 겨울 바다의 모습은 성난 파도가 아니다. 푸른 생채기*를 다스리고 있는 아름다운 모습이다.

고향의 겨울 바다는 지금 어떤 모습일까 생각해 본다. 그저 담담하게 있으리라. 바다라고 하면 성시盛市처럼 북적이던 때만을 생각하는 사람들은 겨울 바다는 쓸쓸하다고 한 마디씩 뱉으며 갈 지 모른다. 그러나 볼품이 없다고 돌아서 가는 사람들은 거기에 깃들어 있는 꿈을 모르기 때문이다.

고향의 겨울 바다가 보고 싶다. 그 바다에서 별 하나 태운 작은 배라도 타고 싶다. 버밀리온의 낙조가 있어도 좋겠고 없어도 괜찮으리라. 매운바람이 귓불을 스치면 고향의 겨울 바다는 노래하겠지. 기다리고 있노라고. 어둠이 찾아들고 별빛이 사박사박 내려앉으면 나는 겨울 바다가 주는 위로와 희망을 안고 돌아서 올 것이다.

2012년 1월

*포세이돈: 그리스 신화에서 바다와 물의 신
*푸른 생채기: 정지용의 '바다'에서 인용

2부

어머니의 향기

어머니의 기일이다. 몇 주기라는 말이 무색할 만큼 아득하다. 성당에서 어머니의 영혼이 편안한 안식을 누리기를 바라며 저녁 미사를 봉헌했다. 그리고는 촛불을 밝혀 놓자 어머니는 손을 내밀었다. '그래도 잘 살아 주었구나!' 환청으로 들려온 이 한마디에 설움도 안타까움도 녹아 버리고 어머니의 향기만이 남아 있었다. 온몸을 태우며 승천하는 양초의 냄새 속에.

"정구업진언淨口業眞言은 수리수리마하수리…"

어머니는 천수경으로 마음을 비워내고 금강경, 법화경, 화엄경 등이 적혀 있는 두꺼운 불경을 읽었다. 단지 내가 기억할 수 있는 것은 천수경의 첫머리였다. 아주 어려서부터 들어왔기에 무슨 말인지도 모른 채 어머니 곁에서 따라하곤 했다.

어머니는 장난스럽게 읊는 내게 그러면 안 된다고 야단을 치기도 했지만 곧잘 외는 나를 가끔은 대견한 듯 바라보기도 했다. 그러나 어머니는 독실한 불자佛者였고 나는 일찍부터 성당의 종소리에 마음을 빼앗긴 가톨릭 신자였다.

어머니는 까막눈이었다. 외가가 그리 가난하지도 않았는데 학교 문 앞에도 가지 못한 연유는 알 길이 없다. 이름 석 자는 쓸 수 있었는지 기억조차 없지만 두꺼운 불경은 읽었다. 아니, 책 한 권을 다 외웠다. 재미있는 것은 중간쯤에서 읽게 한다거나 글자를 물어볼라치면 한 자도 알지 못했다. 불경을 다 외면서도 책 없이는 한 페이지도 외어서 넘기질 못했다. 모른다고 했다. 책을 다시 펴 드리면 첫 페이지부터 손가락으로 한 자씩 짚어가며 그 두꺼운 책을 다 외웠다. 넘기는 책장도 틀린 적이 없었다. 넘길 곳에서 넘기고 쉴 곳에서 쉬었다. 어머니는 역시 지혜로웠고 명민했음이 틀림없다.

어머니는 부산 변두리에 있는 대처승이 지주인 작은 절에 다녔다. 스님이 불경을 읽을 때 어머니도 불경을 펴고는 손으로 짚어가며 책갈피가 얇아지도록 따라 읽곤 했다. 그러기 위해 어머니가 절집을 찾는 일은 자주 있었다. 스님을 졸라 더 많이 불경을 읽게 했는지도 모르겠다. 아무튼 그렇게 될 때까지는 얼마나 긴 세월이 걸렸는지 알 수 없을 뿐이었다.

어머니의 구절양장九折羊腸의 세월이, 겉멋에, 허황되게 구름 잡듯 다니는 아버지 대신 가계를 책임지며 흘렸던 땀이 눈물이 되어 책을 적셨을까. 책은 색깔조차 바래져 있었다. 어머니의 책에서는 가끔 솔바람 소리가 나고 솔 냄새가 나기도 했다. 절집에서 피우는 향의 냄새였을까. 그렇게 거기에서 새어나오던 향기는 내 몸에 서서히 배어들고 있었다. 그 책은 어머니의 세월이었고 저린 냄새는 어머니의 목숨이었다. 그것이 내게 와서는 살아가는 힘이 되었다.

어느 날, 어머니의 쪽진 머리에 꽂혔던 비녀며 긴 한숨 속에 친구가 되었던 곰방대와 그 책이 어머니의 유품이 되고 말았을 때에 다시 맡았던 어머니의 냄새를 잊을 수 없다. 장미의 진한 향도 아니요, 은은한 난蘭의 향기도 아니었다. 절집의 냄새도 아니었다. 긴 세월을 묵묵히 걸어 온, 아니 가족을 위해 온몸으로 빌었던 절실한 기도가 푸새한 옥양목 치마저고리에 배어 고운 향기로 남아 있었던 것이다.

기일인 오늘, 성당에서 어머니를 위해 드리는 기도가 어머니의 저린 책에 깃든 절실한 간구와는 비교도 되지 않겠지만 촛불을 밝히고 어머니의 세월을 읽는다. 내 몸에 배어 버팀목이 되어 준 어머니의 향기를 맡는다.

2011년 2월

간이역

간이역! 거기엔 잠깐 머물다 떠난 바람이 있고, 바람이 남긴 휑뎅그렁한 그림자가 긴 의자에 누워 있다. 꼭 반가운 사람을 만날 것 같은 기다림과 그리움이 도사리고 있다.

밤마다 꿈꾸듯 간이역을 그리워하다가 '무궁화호'가 정차하는 충북의 '심천深川' 간이역을 찾아 나섰다. '지프내'라는 이름으로 더욱 정겨운 곳, '깊은 내'라는 뜻이리라. 일제 강점기인 1905년에 문을 열었고 1934년에 이전, 신축하여 원형 그대로 거의 보존되어 있어, 근대문화유산으로 지정된 곳이기도 하다.

서울역을 출발하여 두 시간 반쯤 달렸을까. 짐을 머리에 인 할머니 두 분과 나는 포근한 겨울 날씨 속으로 내려섰다. 철로를 건너 역사驛舍로 들어가니 〈표 사는 곳〉이 아니라 〈표 사시는 곳〉이라고 씌어 있는 것이 이색적이었다. 밖으로 나오니

〈지프내 과일가게〉라는 간판에 푸짐한 과일 그림이 눈길을 끌어 과일과 묘목이 유명하다는 이야기를 떠올리게 했다. 몇 걸음 나오니, 〈심천 사람들의 세상 읽기〉라는 게시판이 있었는데 거기에는 이곳에 들렀다가 떠나간 사람들이 두고 가는 이야기들이며, 세상살이가 빼곡하게 자리를 메우고 있었다.

마을은 모두 잠든 듯 조용했다. 할머니 두 분은 제각기 길을 가셨다. 사실, 떠나갈 때 간이역의 정취를 가슴에 담아 갈 요량이었지만, 덤으로 우리나라 3대 악성樂聖의 한 사람인 박연을 기리는 난계국악박물관에서 우리의 소리도 찾아보고 가리라 생각했던 터다.

그런데 길거리엔 사람이라곤 보이지 않았다. 겨울잠이었다. 그때 역사에서 누군가를 배웅하고 나오는 이를 만났다. 반가움에 뛰어가 우선 박연 선생의 난계국악박물관 가는 길을 물었다. 한 시간에 한 번씩 오는 버스, 그리고 호출을 해야 탈 수 있는 택시. 두 가지 방법을 일러 주었다. 택시를 택했다. 그런데 그녀는 멈칫거리며 내게 와서는 나중에 박물관에 갔다 다시 오면 자기집에 와서 차라도 한 잔 마시고 서울로 가라고 했다. 그리고는 내 휴대전화에 전화번호를 입력해 주었다.

심천면 '고당리'에 있는 난계국악박물관에 도착했다. 휴일도 아닌데, 찾아오는 사람이 없는 탓인지 문이 잠겨 있고 국악기 제작촌과 사당만이 겨울바람을 맞으며 찾아오는 사람을 무심히 맞을 뿐이었다. 간이역의 정취를 가슴으로 맞고 덤으로 우리의 소리까지 담아 가려했던 나를 나무라듯.

씁쓸한 마음이 되어 언젠가 여기를 다시 찾아오리라 생각하며 돌아섰다. 간이역심천에서 서울로 가는 무궁화호는 이미 끊어진지 오래였다. 어쩔 수 없어 버스를 타고 영동역으로 가려고 한길로 나오자, 눈에 들어온 것은 굽이굽이 흐르고 있는 금강이었다. 엷은 겨울 햇살을 받아 눈 아리게 빛나고 있는 금강 위로 바람이 앉았다가는 놀란 듯 달아나고 있었다. 그 바람이 내 귓불을 훔치고 지나가곤 했다.

그 순간, 내게 전화번호를 입력해 준 그녀가 생각났다. 나를 기다리고 있을 것만 같아 심천으로 발길을 돌렸다. 서울로 가야 한다는 사실조차 잊었는지도 모른다.

전화를 걸었다. 반응이 없었다. 지나가듯 해 본 말이었을까. 기다리고 있으리라고 생각한 것은 나의 착각이었을까. 그러나 또 한 번의 시도에 응답이 왔고, 심천역에서 멀지 않은 그녀의 집을 찾아갈 수 있었다. 풍산개가 낯선 나를 보고는 주인이 손을 저을 때까지 짖었다. 마루엔 곶감을 말리고 있었고, 라디오에서 클래식 음악이 흘러나오고 있었다. 서녘으로 향한 창에 햇살이 눈부셨다. 방으로 들어갔더니 한지에 그림을 그려 붙인 한쪽 벽이며, 유화 두 점이 나를 반겼다.

"점심은요?" "밥 좀 주세요."첫 대화였다. 오후 두 시를 넘어서고 있었다. 역에서 나를 만났을 때는 친정어머니를 배웅하고 오는 길이었다고 얘기하고는, 준비해 둔 듯 금방 소반에 점심을 차려왔다. 식탁이 아닌 소반! 그 소반은 28년 전에 남편의 사업 실패로 이리저리 옮겨 다니느라 선금만 준 것이라고 했다. 이젠 너무 낡아서 태워 버리려다 둔 것인데 이렇게 쓰일 수 있음이 감격스럽다고까지 했다. 나중에 안 일이지만 서슴없이 밥을 달라는 나에게 그녀는 마음을 빼앗겼다고 했다.

그녀는 국립 사대에서 미술을 전공하고 교편을 잡았던, 클래식 음악의 마니아였다. 우리는 같은 채널의 라디오 방송을 즐겨 듣는 사실에 놀라워했고, 우리나라 최초의 스테인드글라스를 명동성당에 그렸던 고 이남규 교수에 대해서도 이야기를 나누었다. 나는 가톨릭 신자이며 그녀는 그 교수님의 제자였으니 이야기는 이어졌고, 소중하게 간직하고 있는 교수님의 스테인드글라스의 작품도록圖錄을 끄집어내어 보여 주기도 했다. 그녀의 홈페이지에 언젠가는 우리들의 이야기도 오르리라.

그녀가 혼자 간이역을 찾아온 내게 눈길이 머물렀듯 나도 그녀의 수수한 차림과 소탈한 말씨에 호감을 가졌기에 차 한 잔 마시고 가라는 한 마디 말에 찾아갔으리라. 우린 그렇게 만났고, 시간의 흐름을 얼마 동안은 잊으며 조잘댔다.

더 이상 지체했다가는 영동에서 떠나는 마지막 기차까지도 놓칠 것 같아 일어서려고 하자, 조금 기다리라고 하더니 곶감, 대추, 은행, 오디 잼, 살구 잼을 챙겨 주었다. 친정에 다녀가는 시누이에게 하듯. 그녀는 나보다 열두 살 아래의 띠 동갑이었다. 어깨에 멘 배낭이 목을 잡아당길 만큼 무거워도 아랑곳

하지 않았다.

서울로 오는 열차는 이미 입석뿐이었다. 영동역을 출발한 기차는 심천역을 못 본 체하며 푸르스름한 겨울 저녁을 달리고 있었다. 그녀에게서 메시지가 왔다. '아름다운 서창西窓의 햇살, 따뜻한 만남. 언제든, 바람처럼 구름처럼 머물다 가세요.', '그래요, 고마워요.' 답신에 마음을 담았다.

간이역! 시그널도, 역장驛長도 없는 곳. 열차가 몇 안 되는 사람들을 잠깐 내려주고는 무심히 떠나가는 곳. 그러기에 그리움과 기다림이 남아 있는 곳이다. 바람처럼 잠깐 머물다 가는 곳이지만, 내겐 그녀와의 만남으로 가슴을 훈훈하게 데워서 돌아오는 곳으로 영원히 각인될 것이다.

2010년 2월

머리방에서 헤어스튜디오까지

우리아파트의 입구에 '○○○머리방'이 있다. 이렇게 간판을 단 지는 그리 오래 되지 않았다. 좁디좁은 이 머리방은 동네 아낙들이 '천일야화' 같은 이야기를 풀어놓는 공회당이다. 머리방에서 이루어지는 작은 문화다.

이 머리방의 주인은 내가 이사 와서 여기를 찾던 때만 해도 아파트에서 조금 떨어진 연립 주택에서 무허가로 동네 아낙들의 머리를 매만져 주고 있었다. 연립주택의 지하에 자리 잡은 이 집에 사람들은 기어 다니다시피 드나들었으며 머리를 감는 사람의 엉덩이와 기다리는 사람의 다리가 부딪치기가 일쑤였다. 또한 인가를 받은 미용실이 이 무허가 업소를 그냥 보아 넘겨줄 리도 없었는데도 꽤 오래 영업을 했던 것 같다. 아무튼 이제 자리도 옮기고 정식으로 인가를 받아 주인의 이름을 따서

'○○○머리방'이 되었다. 완전 지하에서 반 지하로 바뀌어진 것도 달라진 점의 하나라고 하겠다.

9시쯤 이 머리방은 문을 연다. 참 달라진 것이 또 있다. 그땐 그 연립주택이 살림집이자 일터였는데 이젠 출근을 하는 셈이다. 출근을 하면 그녀는 북 치고 장구 치듯 1인다역을 하며 기다리고 있는 이들의 머리를 파마를 위해 둘둘 말아 낸다. 커트와 감는 속도는 가히 기네스북감이다. 커트는 나이나 얼굴 생김새와는 거의 관계없이 고만고만한 모양들이다. 간이역의 의자 같은 곳에 앉아 기다리는 사람들은 지칠 줄 모르고 이야기를 엮는다. 누구네 집의 이야기에서부터 나랏일까지 소상히도 이야기되는 이 점이 재미있기도 하지만 나를 가끔은 지치게도 한다.

20여 년 전 3천 원에서 이제 2만 원이 되었지만 그래도 우리 동네에선 아주 싼 편인 이 집은 불황이 없다. 나는 비용이 적게 들어서 이 집이 좋고 사람들과 어깨를 부딪치며 앉아 기다리는 것도 서민적이라 마음에 든다. 단지 이야기꾼이 못 되니 지루한 분위기는 감수해야 한다. 그렇다고 좋은 경청자도 못 되나 보다. 그것뿐이 아니다. 파마가 끝나고 머리를 헹구어야 할 때 주인이 바쁘면 머리를 스스로 감고 나와도 주인은 모른 체한다. 셈만 정확히 하고 가면 된다.

파마를 마치고 나오는 사람들은 설사 얼굴형과 머리 모양새가 조화를 이루지 못하더라도 그저 의기양양한 얼굴이다. 싼 값으로 파마를 했고 실컷 이야기의 보따리를 풀어 놓은 채, 함께 웃고 맞장구를 치며 즐거워했기 때문인가 보다. 나도 그들처럼은 아니어도 마음은 가벼워진다. 가까운 곳이라 시간을 벌었고 내 주머니가 조금은 덜 가벼워졌기 때문이다.

머리방의 주인은 손님들이 하나같이 '천일야화千一夜話' 속의 세헤라자데가 되어 들려주는 이야기 속에서 60을 바라보는 나이도 잊고, 초등학생이었던 아들과 딸이 결혼을 앞둔 나이가 된 지금까지 아버지 없이도 잘 자라게 했다. 그녀는 한 마디로 성실했다. 그리고 말이 없는 경청꾼이었다. 그래서 사람들은 몰려드는 것일까.

내가 그 머리방에서 헤어스튜디오라고 이름 지어진 곳으로 가게 된 것은 새로운 것에 대한 호기심이었는지도 모르겠다. 가격이 만만찮을 거라는 생각을 하면서도.

어느 날 용기를 내어 압구정동에 있는 '헤어스튜디오'라는 곳을 찾아갔다. 이곳에 들어서자 잘 생긴 남자가 친절하게 인사를 하며 나를 데리고 들어갔다. 나도 모르게 나를 맡겼다. 그리고는 모든 것이 진행되었다. 내게 가운을 입힌 후 머리를 감기기 위해 의자에 앉혀 뒤로 젖히고는, '가리개를 하겠습니다", "물의 온도는 괜찮으십니까?", "더 헹구고 싶은 곳은 없으십니까?" 한참을 물었고 나는 줄곧 "네, 네"하며 대답했다. 머리를 말아 파마를 할 때도 아프지는 않느냐고 연신 물었다.

파마가 되는 동안 창밖을 보니 여름이 오고 있었고 여인들이 당차게 활보하는 모습이 보였다. 모두가 '스타일리스트'라는 명함을 자리마다 꽂아두고 있었다. 손님들은 말이 없었고 간간히 이 스타일리스트라는 사람과 미소로 고개를 끄덕이거나 소곤소곤 이야기했다. 그들은 무도회에 참석한 귀부인 같았다. 그리고 기다리는 동안은 차를 마시며 계절이 지나가는 것을 보기도 하고 여성 잡지를 우아하게 넘기면서 누구의 간섭도 받지 않고 시간을 누비는 것이었다. 우리 동네의 머리방과는 또 다른 문화가 거기에 있었다. 우리 동네라면 이야기들이 이미 몇 구비는 돌았으리라.

마무리를 한 후에는 거울로 뒷모양을 보여 주며 만족하느냐고 물었다. 그 정성에 누가 만족스럽지 못하다고 하겠는가. 그들의 친절은 고객을 위해 몸에 밴 것일까. 움직임은 잽싸고도 깔끔했고 직업의식이 그들의 손끝에서 느껴졌다. 젊음이 넘쳤다. 거기에서 나는 살아 있는 사람의 대접을 받았다. 상술이라고 보고 싶지는 않았다. 그러나 그것이 비싼 값을 치른 후에 얻게 된 것이기에 서글플 뿐이었다.

머리방! 얼마나 듣기 좋은 이름인가. 그 서민적인 이름에서 유행이 번져 나올 수는 없을까. 간이역 같은 의자에 앉아 '천일야화'를 엮으며 하나씩 탄생하는 새로운 머리 모양새들을 본다면 얼마나 경이로울까.

나는 바란다. 내가 애용하는 머리방의 주인이 언젠가 '아줌마'라는 이름이 아니라 '스타일리스트'라는 명함을 붙여 두고 지금처럼 소박하고 성실히 우리를 맞아 주기를 바란다. 우리는 비싼 값을 치르지 않고도 그곳에서 그럴싸한 대접을 받으며 머리를 맡기고 여유롭게 차라도 한 잔 마시고 싶다.

2012년 6월

아버지의 죽음

아버지는 바람이었다. 어디서 와서 어디로 가는지 알 수 없는 그런 바람이었다. 잠자다 엄마의 신음소리에 깨어날라치면 언제 왔는지 집에 왔다가는 말없이 배웅하는 엄마의 눈길을 피하듯 부리나케 빠져나가던 그런 뒷모습이 아버지의 전부였다. 기억의 끝자락은 초등학교 2학년 때이고 그 다음 해 아버지의 빚 정리로 적산가옥이었던 2층 집을 주인인 양 방마다 진 치고 자리한 채권자들에게 내놓고 정들었던 집을 뒤로 했다. 아버지는 나타나지 않았다.

부끄럽고 미안한 마음은 접어두고 외삼촌댁에 둥지를 틀었다. 어머니는 일벌이 되었다. 일벌이 어찌 꽃을 가리랴. 레이션박스를 저녁이면 하나씩 얻어 올 수 있던 미군부대며 머리에 얹은 똬리 위에 세월의 무게만큼 무거운 채소 다발들은 어머니의 즐거움이었다. 아니 안도의 한숨을 쉬게 하는 것들이었다. 휘장처럼 내려뜨려진 어둠 속에서 돌아가던 싱거미싱 소리에 어머니는 구성진 노랫가락을 얹었다. 어머니의 세월은 쳇바퀴 돌 듯 돌아가고 내 일상은 닥치는 대로 책을 읽는 것으로 채워져 갔다. 아버지의 존재는 잊혀져가고 그리움도 야속함도 시들해졌다.

그러한 시간들로 세월은 누벼져 갔다. 일곱 해라는 산을 넘었다. 라일락이 꽃비가 되어 서럽게 내리던 오월이었다. 아름다운 오월에 훼방꾼처럼 마음 짓누르는 중간고사라는 학교의 행사는 꽃비처럼 찾아왔다. 시험이 끝나면 꽃비를 맞으며 퍼렇게 멍 들어 울어대는 바다로 가리라. 해마다 손꼽으면서도 이루지 못했던 꿈을 또 다시 간직했다. 쉽게 이루어지는 것보다 더 값진 추억이 되리라 자위하기도 했다.

시험 첫날은 긴장 속에서 어떻게 시간과 시험지를 메웠는지 알 수 없이 지나가고 또 다음날을 위한 준비에 골몰하리라 다짐하며 돌아왔다. 휑한 집인데 우체국 아저씨는 나를 기다린 듯 편지 한 통을 건네주었다. 지금은 기억 한 자락에도 남아 있지 않는 어느 군 부대였다. 집에는 남자라고는 아버지 한 사람이었고 그것도 두절된 지 오랜 시간으로 행방조차 알 수 없는데

잘못 온 것은 아닐까 다시 보아도 어머니에게 온 것이었다.

내 손에 들려진 편지는 아버지의 죽음을 알리고 있었다. 군

에 입대할 나이도 아니요, 부대와는 아무런 연관조차 없는 아버지는 부대에서 무엇을 했다는 것일까. 어찌하여 군부대에서 아버지의 죽음을 알리는 걸까. 과실치사라고 했다.

아버지는 비교적 유복한 가정의 장남이었다. 삼촌 둘, 고모 둘이 내가 기억하는 아버지의 형제자매들이었다. 할아버진 장남은 유식해야 동생들을 거느릴 수 있다고 아버질 일본에서 공부를 하게 했단다. 바로 그것이 불행의 시초였다. 할아버지가 눈을 감게 되었을 때 공부 많이 한 녀석은 논이나 밭떼기가 없어도 살 수 있다며 한 뼘의 땅도 주지 않았고 삼촌 두 사람에게 논밭을 나누어 가지게 했단다. 큰삼촌에게는 제사 마련을 위해 더 많이 주어졌던 것도 그때서야 알게 되었다. 더 많은 유산을 받은 큰삼촌은 그것조차 복에 겨운 지 얼마 지나지 않아 세상을 떠났고 어머니와 내가 사는 것에 목숨을 걸 때 아버지는 큰삼촌 대신 땅을 갖게 된 숙모에게 하루에 한 번씩 들러서는 할아버지 유산을 팔지 못하게 감시하는 것으로 긴 세월을 보냈던 것이었다.

세월이 숙모를 변하게 했을까. 어쩌다 정분 난 숙모는 아버지의 출입이 불편할 수밖에 없었겠지. 그 날도 어스름 무렵 아버진 삼촌 집을 찾았고 숙모를 찾아온 젊은 군인의 손에 들려진 총을 맞아 아버진 그대로 숨지고 말았다.

어둠 속에 짐승이 나타난 줄 알았다는 것이 그 군인의 변명이었고 힘없는 어머니와 나는 부대에서 처리해 주는 대로 따르는 평생 후회할 무식함을 씹을 수밖에 없었다. 부대의 넓은 광장 한 귀퉁이에 아버진 누워 있었다. 하얀 텐트 아래.

내게 비밀이 생긴 것은 그때였다. 아버지가 총을 맞아 비명횡사했다는 부끄러운 소리를 할 수가 없었다. 그것도 할아버지가 남긴 밭뙈기의 한 뼘이라도 숙모로부터 빼앗으려 한 것은 아니었을까 하는 생각에 아무도 아는 사람이 없는데 얼굴이 달아오르기도 했다.

방법은 하나였다. 시험이 끝나는 날까지 결석을 하지 않으리라. 장례는 시험 끝난 뒤의 일요일에 하리라. 어머니에게 간청도 하고 부대에 가서 사정을 얘기하기도 했다. 닷새였다. 하루의시험이 끝나면 부대로 가서 책을 읽었다. 아버지 기일이 음력 사월 열흘이니 닷새 동안의 달빛은 비수보다 더하게 꽂히고 푸르다 못해 가슴까지도 멍이 들고 있었다.

달빛을 타고 내려오는 아버지의 모습은 책 위에서 일렁이다 사라지고 포르말린 냄새는 도망가고 싶을 만큼 역하고 슬펐다. 장례엔 변변한 상여도 물론 상여꾼도 없었지만 어이어이 울음 뱉는 사람도 없었다. 아버지의 시체는 화장장에서 가루가 되어 나와 마주했다. 내 팔에 안기던 아버지는 한 줌이었다. 바다와 강이 보이는 곳에서 풍장을 했을 때 바람을 따라 바람 속으로 들어가 바람이 되는 아버지의 편안한 모습을 볼 수 있었다. 어머니도 나도 마른 눈을 문질렀다. 아버지의 죽음은 살아가는 일보다 훨씬 작은 일이었기 때문이었다. 다만 어머니는 집으로 돌아오셨을 때 노리개 같은 곰방대에 담배를 짓이겨 피우셨고 나는 비밀을 어떻게 간직할까 궁리했다. 멀지 않아 어머닌 곰방대를 힘없이 내려놓고 눈을 감았지만.

오월의 푸른 하늘 아래 시험에서 벗어난 후련함만 안고 아무 일도 없었다는 듯이 등교했다. 학교에 갔을 때, 학생들도 심지어 이웃도 아버지를 입에 올리는 사람은 없었다. 나의 아버지는 아주 일찍 이미 바람이 되어 바람으로 살고 있었는지도 모를 일이었다. 아버지의 죽음은 오랫동안 나의 비밀이었다. 아무도 모르게 감추느라 가슴에 품었고 눈치라도 챌까봐 전전긍긍했다. 그러나 언제부터인지 음험한 비밀은 빛이 바래져버리고 아버지의 죽음은 가슴 아픈 그리움이 되었다.

2016년 1월

벙어리고모

겨울이 사방에 진을 치고 들어앉았다. 바람은 눈을 몰고 와서는 생각 없이 뿌리며 휘젓기 시작했다. 침몰한 태양은 눈 속에 숨어 있었다. 여느 해보다 눈 내리는 날이 많고 수은주는 경계선 부근에도 오지 않은 채 저 아래에서 서성이고 있었다.

고향으로 내려와 시간을 같이 보내자는 친구의 메시지는 반가움이었다. 남녘으로 내려가면 따뜻할까? 남쪽에서 제비 오듯 따뜻한 소식이라도 있을까? 이미 인터넷에서 고향으로 달려가는 차표를 예매하고는 날이 새기를 기다렸다.

기차는 역에 도착하고 약속 장소로 가는 지하철에서 긴 날숨을 쉬었다. 어느 역에서 끼룩끼룩 물새 소리가 스피커를 통해 나왔다. 바다가 가깝다는 뜻이겠지. 고향이었다. 바다 이야기를 물리치거나 억센 사투리를 거세하면 고향은 시쳇말로 주검이다. 물새 소리에 스르르 옛날로 돌아간다.

아주 가끔 고향으로 올 때마다 아무도 반기는 사람이 없는데 한 사람, 고향을 지키고 있어 잊을 수 없는 사람이 있다. 벙어리고모다. 어릴 적 심술궂게 '고모'라고 부르지 않고 '벙어리고모'라고 부르던 고모. 아흔이 훌쩍 넘은 나이인데 일과 중 대부분을 산을 바라보기도, 파도소리에 귀를 기울이기도(?)하며 사는 고모다. 고향에 들를 땐 찾아갈까 생각하다가 목적지가 다를 땐 그냥 모른 체 스치고 가는 고모다.

내겐 고모가 두 분 있었다. 작은고모에 대한 기억은 그리 두껍게 각인되어 있지 않으나 큰고모는 같이 산 세월이 있었다. 내가 네다섯 살 때쯤일까. 기억조차 희미한데 초봄이 되어 눈이 녹기 시작하자 앞산이 와르르 내려앉아 산 아래 우리 집을 덮쳐 버렸다. 아린 바람 속에 피난민이 되어 고모 집으로 갔고 거기서 내가 초등학교 입학할 때까지 지냈다.

그런 고모가 우리 가족이 새 보금자리를 찾아 나온 이후 신이 내렸다고 했다. 어릴 때 신을 받는다는 말이 무슨 뜻인지 알 수 없었다. 고모는 신을 받은 사람답게 정갈히 살아야 한다고 고모부에게 다른 여자를 짝지어주었다. 그러나 짝지어준 여자 셋이 귀한 금반지만 받고는 하나같이 다 가 버렸다. 네 번째가 벙어리고모다. 정갈히 산다는 것이 무슨 뜻인지도 알 수 없었고 그렇게 살면 왜 고모부와 함께 살 수 없는지도 물론 몰랐다. 그러나 그 이후 고모는 사람들이 말하는 '점쟁이'가 되었고 굿도 했다. 사람의 힘으로도, 뜻으로도 그 신의 내림을 막을 수도, 물리칠 수도 없다고 했다. 차츰 고모의 생활은 변해 갔고 산꼭대기에 암자를 지어 놓고 대부분의 날들을 거기서 보냈다.

고모 집을 들어서면 큰고모가 계시지 않는 날이 대부분이었다. 벙어리고모는 항상 집을 지키고 있었다. 지금도 가슴에 부끄러움과 미안함으로 남아 있는 것은 호칭이었다. 어릴 땐 그것이 당연하다고 생각했다. '벙어리고모'! 큰고모도 아니요, 작은고모도 아니고…. 벙어리이니 '벙어리고모'가 맞는 말이었다. 그래서 항상 '벙어리고모'라고 불렀다. "벙어리고모"하고 큰소리로 부르면 용케도 알아듣는 듯 대답은 못해도 빙긋 웃으며 먹을 게 없나 하고 우선 부엌으로 서두르며 들어가서는 고구마 한 개라도 갖고 나오곤 했다. 내가 가슴 아픈 소리로 부르고 있음을 알았을까. 벙어리고모에게서 아이들이 태어났을 때도 서슴없이 그렇게 불렀으니….

그 고모에 대한 추억은 부엌으로부터다. 반질반질한 가마솥이며 선반 위에 놓인 그릇들이 고모의 손길로 따뜻한 빛으로 자리하고 있었다. 무엇을 하는지 종일 부엌에서 사는 듯 했다. 특히 이런 겨울엔 가마솥에 물을 붓고는 군불을 때곤 했다. 방에서 편히 쉬는 것이 죄송한 양, 아예 부엌을 고모의 방으로 삼은 것 같았다.

그러나 무엇보다 그 고모에 대한 기억은 큰고모를 대하는 태도였다. 큰고모는 가끔 집으로 내려와서는 며칠을 묵으며 밀린 일을 보러 나가곤 했는데 외출할 때마다 벙어리고모는 큰고모의 흰 고무신을 희다 못해 푸른빛이 돌 정도로 씻어서 댓돌 위에 얹어놓는 것이었다. 한 번이 아니었다. 아무리 여러 번 외출을 해도 매번 수세미로 그릇 씻듯 씻어서 댓돌 위에 얹어 놓고 숙제를 검사 받기 위해 기다리는 학생처럼 고모가 외출할 때까지 조아리고 서 있곤 했다.

갈 데 올 데 없는 몸을 거두어주었다는 고마움이었을까. 자식을 낳아 옹알거림에서 그리고 온갖 재롱으로, 또 무럭무럭 자라나는 모습을 볼 수 있는 기쁨 때문이었을까. 심지어는 고모가 산에서 내려오지 않는 날이 계속되면 망연히 그 산을 바라보고 서 있곤 했으니.

그 고모의 가슴을 알지도 못했고 물론 알려고도 해 본 적이 없다. 살갑게 대해 주는 사람 하나 없었지만 그렇다고 그 고모를 천시여긴 사람도 없었다. 오히려 천심이 친척들을 감동시켜 보는 이마다 칭찬이었다. 고모부도 큰고모도 그 고모의 돌봄 속에서 눈을 감았다. 그 고모의 보살핌 속에서 살다 간 두 사람은 얼마나 지극정성이었던가를 의당히 알고 떠났으리라 믿는다.

벙어리고모는 아이 둘도 결혼 시키고 그 집에서 혼자 살아가고 있다. 아흔이 넘었지만 떠나간 사람들이 외출에서 돌아오리라는 생각인지 항상 기다림으로 버티는 것 같다. 허리를 펴고 하늘을 바라보기도 하고 산에서 큰고모가 내려오는 걸 지켜보듯 산을 유심히 바라보기도 하며.

친구와 함께 시간을 보내마고 고향에 내려와서는 벙어리고모의 생각에 젖어들고 있었다. 풍문으로 잘 지낸다는 사실을 알고 있을 뿐 들러야지 하면서도 쉬이 가지 못하는 것은 철없이 '벙어리고모'라고 불렀던 죄책감인지도 모르겠다. 분명 용서했거나 잊었을 텐데. 그런 벙어리고모였으니.

2013년 12월

모자帽子

"폐암 3기입니다. 임파선까지 전이되었네요.

수술은 할 수 없는 부위이니 다시 들러 항암치료 날짜 잡으세요."

눈 어두운 사람에게 신문 기사를 읽어 주듯 또박또박, 그러나 의사의 얼굴엔 일렁이는 기색 하나 없었다. 순간, 사촌 동생의 눈엔 커다란 방울이 매달렸다가 손을 놓듯 옷섶으로 힘없이 떨어졌다. 곁에 선 나는 망부석이 되었다.

사촌동생, 정확히는 외사촌동생이다. 우리가 친형제처럼 한 집에서 지내게 된 것은 아주 오래 전으로 내가 초등학교 3학년, 외삼촌의 두 아들 중 장남이었던 동생이 1학년 때의 일이었다.

생활과 금전과는 인연이 먼 아버지가 사업이랍시고 벌이더니 빈털터리가 되자 잠적해 버리고 채권자들만이 집으로 몰려와 방마다 드러누웠다. 어머니는 버틸 만큼 버티시다가 방을 차지한 이방인들에게 집이며 돈이 될 만한 것을 모두 내주고는 간단한 짐만 챙겨 작은 사륜차에 짐을 싣고는 나를 데리고 외삼촌집으로 들어갔다. 을씨년스런 가을이었던 걸로 기억한다. 그렇게 우리는 한집에서 십여 년 이상을 살았다.

방 셋의 적산가옥. 부엌과 화장실이 딸린 방 하나를 외삼촌 가족이 사용하고, 부엌과 화장실은 없이 작은 쪽방 하나와 조금 큰 방 하나가 우리들의 몫이었다. 방을 빼앗긴 동생 둘에게 다시 동생 둘이 생겼으니 여섯 식구가 그 방에서 어떻게 생활했을까 생각할수록 아득하다. 그 뒤의 변화는 외삼촌 가족이 방 하나를 세를 놓고 직장에서 마련해 준 사택으로 옮겨 갔고 거기에서 예쁜 딸아이가 태어난 것이며, 바람처럼 살던 아버지의 비명횡사가 낙화처럼 전해진 것이었다. 나는 어머니가 돌아가실 때까지 그 집에서 살았다. 지금 생각하니 두 분에 대한 고마움은 말할 것도 없지만 투정 없이 열심히 공부한 동생들이 기특하기만 하다.

어머니가 돌아가시자 그 집을 나왔고 우린 어쩌다 소식을 물으며, 또 조금씩은 잊어가며 세월의 흐름에 생활을 실었다. 내가 결혼과 동시에 고향, 부산을 떠나 상경 했으니 눈에서 멀어지면 마음에서도 멀어진다는 말처럼 잊고 살았다.

그러던 어느 날, 직장에서 퇴근해 오다 우연히 동생을 만났다. 아파트 마당이었다. 타향에서 같은 아파트라니! 반갑고 놀라움을 어떻게 말할 수 있을까. 내가 연락도 취하지 않고 상경한 탓에 소식이 두절된 상태로 있다가 다시 만났으니 쌓인 회포를 푸느라 날밤을 세우기도 했다.

아내와 아이 둘을 거느린 가장이 된 동생은 그의 직장이 그러했지만 멋지게 옷을 입을 줄 아는 신사로, 또 성실한 생활인이 되어 있었다.

게다가 맛있는 음식을 파는 곳이라면 서둘러 다녀왔고, 음식 맛을 보이고 싶어 안내함을 마다않던 미식가였다. 허름한 집에서부터 으리으리한 집까지 맛집 찾기가 의무인 양 전국을 헤집었다. 우리들은 일주일에 한 번 내지 두 번을 우리 집에서 저녁을, 아니 밤을 보내었다. 오지 않을 땐 무슨 일이냐고 묻기가 일쑤였다. 그런 날들이었다. 그러나 호사다마였을까. 오랜 기침으로 이 병원 저 병원 다니다 찾아간 암 센터에서 청천벽력보다 더한 말을 듣게 된 것이었다.

억울함과 분노로 밤을 밝히던 동생이 편백 숲으로 가고 싶다고 안내를 원했다. 축령산의 가슴을 훑어 내리던 쏴아한 바람. 동생의 아픈 마음을 훔쳐보았다. 미동이 없는 동생 곁에 편백과 삼나무가 옷을 갈아입느라 잎을 떨어뜨리고 있었다. 손을 뿌리친 이들과의 쉽지 않은 화해를 하기 위해 여기 오기를 원했을까. 눈길 한 번 주기조차 인색했던 자연에게 진정 고마웠다고 쓰다듬어 주려고 마음먹고 있을까. 화해와 순명,

그 무거운 과제를 풀기 위해 동생은 자신을 다스리고 있음

이 분명했다.

늦가을이었다.

"그 이웃에 있는 백화점에 창이 짧은 납작모자를 파는지 알아봐 줄래요?"

댄디인 동생은 벌써 가을을 멋지게 보낼 준비를 머릿속에 그리고 있었고 나는 백화점에 들러 확인해 주었다. 며칠 지나 동생 내외가 우리 집에 왔을 때, 내가 보았던 회색의 모자는 가장 잘 어울리는 주인을 만난 듯 편안하게 동생의 머리를 덮고 있었다.

요즘 우리가 만나면 하는 놀이는 화투놀이다. 동생은 따는 재미로 화투를 친다. 운7, 기3이라는 말만 믿고 치는 나는 매일 밥이 된다. 의기양양하게 일어나는 동생의 뒷모습에서 이제는 마음을 내려놓고 손을 벌려 차근차근 화해를 익히는 동생을 본다. 그리고 순명을 갈무리하는 그의 뒷모습에서 나를 본다.

"가 볼게요."

"조심해서 가."

오래 앓고 있는 나로부터 동병상련의 위로를 받은 동생이 현관문을 나선다. 봄이 피어나면 회색의 저 모자 위에도 찬란한 빛이 번져나리니, 회색 모자가 현관문을 주인과 함께 오래오래 어김없이 들어서기를, 기도 한 마디를 가슴에 심는다.

2014년 8월

눈 어둔 자의 해프닝

내 어둔 눈은 다른 사람들로부터는 예쁜 눈으로 불리기도 한다. 그러나 그건 얼굴 전체의 보수공사비 중에서 눈은 그래도 돈을 들이지 않거나 아주 적은 돈으로 해결할 수 있겠다는 뜻에 불과할 뿐이다. 평범하나 굳이 말하자면 슬프게 생긴 눈이다. 슬픈 눈이 사람들의 마음에 애잔한 물결을 일게 하여 예쁘게 보이는지도 모를 일이다. 그러나 이 어둔 눈이 빚어내는 이야기들은 가관이다.

며칠 전이었다. 신문 기사에 세계 2위 시장조사 기관의 하나인 WPP의 자회사인 밀워드브라운에서 명품의 가치를 평가하여 내놓았다. 가치뿐만 아니라 브랜드 충성도라는 지표를 활용해 소비자가 해당 명품브랜드를 어떻게 받아들이는지도 분석했다. 기사의 내용은, 명품의 가치로는 루이비통이 2006년

이래 부동의 1위, 구찌가 충성도 1위라는 것이었다. 가치로는 루이비통이 1위지만, 충성도 즉 명품이라는 이름으로 구매에 직접적인 영향을 미치는 것은 구찌가 1위라는 뜻이었다. 이 사실도 문제 발생 후에야 다리 부러진 안경을 손에 쥐고 읽은 후 알게 된 것이다.

충성도! 이 충성도를 충청도로 읽은 것이 문제였다. 자세한 내용을 읽으려면 안경도 필요한데 그저 대강 읽고는 얄궂은 기사도 있다고 생각했다. 어둔 눈이 대강 헤아려낸 내용은 평균적으로 볼 때 우리나라에서는 루이비통이 부동의 1위인데 비해 충청도만 구찌가 1위라는 것으로 받아들인 것이었다. 우리나라에만 한정된 것이 아니라 세계적인 조사 결과인데 내 눈은 아예 상상의 날개를 단 셈이었다. 신기하다 못해 믿을 수 없는 결과라 그냥 지나칠 수 없어 충청도에 거주하는 제자에게 메일을 띄웠다. 이상한 것이 눈에 띄게 되면 그냥 넘어가지 못하는 성격이 낭패에 보탬을 한 결과이기도 했다.

뜸들이듯 늦게 온 답신은 충격적이었다. 충성도를 충청도라고 잘못 보았다는 사실과 여러 번 나오는 '충성도'가 왼통 충청도로 보인 걸 보니 내가 오매불망 자기만 생각하는 것 같다고 우스갯소리로 보내왔다. 자기는 지금 아내와 함께 처가로 간다는 내용의 답신을 보내어 더 이상의 말은 말라버리게 했다.

난 이 엄청난 사건의 주범자를 머릿속에서 나를 쳐다보며 웃고 있을 종양에게 돌렸다. 시신경 위에서 내가 얼마나 아파하는가를 주시하는 종양, 그 녀석에게로 몽땅 뒤집어씌우기로 했다. 벌써 나와 동거한지 12년이나 된 그 녀석 때문에 점점 눈이 어두워지고 있는 사실을 난 세월이 흐르면 누구에게나 당연히 찾아오는 선물쯤으로 생각했다. 알고 보면 어찌 그 녀석만의 짓일까. 세월에 얹혀 사위어가는 몸의 현상들이 아니겠는가.

그렇게 어두워진 눈이기에 안경도 다양하다. 그 종류들을 열거해보면 크게는 다초점렌즈안경과 돋보기이다. 다초점렌즈안경은 가깝고 먼 것을 모두 볼 수 있다는 장점으로 많은 사람들이 사용하고 있듯이 가르치거나 강의를 들을 때 필수적이다. 그러나 독서용은 못된다. 대강 꿰맞추기다. 다음은 돋보기안경이다. 세 개가 있는데 둘은 독서용, 하나는 컴퓨터용이다. 독서용은 둘 다 책을 들고 뒹굴다 다리 부상을 입었다. 단골 안경점에 가야지를 수십 번 뇌면서도 미적거리다 오늘에 이르러 망신살이 뻗치고 말았다. 컴퓨터용은 컴퓨터와의 거리에 맞게 조정하여 맞추었기에 책을 보려면 80cm 정도는 떨어져서 보거나 아니면 얼비치는 대로 그냥 대강 짐작하고 말아야 한다.

몇 년 전이었다. “웬 김밥을 만들어 주겠다는 거요?” 라는 지인의 메일을 받았다. 딸애에게 보낼 메일 주소를 잘못 클릭하여 홀아비인 지인에게 가서 잠깐 그의 마음을 설레게 하고는 되돌아오게 했다. 말투를 보아 그에게 간 메일이 아님을 알았을 텐데 설렌 마음이 억울해서인지 나를 놀리고 있었다. 아무튼 지인에게는 점심을 사 주는 것으로 얼버무리고 말았다.

뿐만 아니다. 요즘은 컴퓨터의 오자를 잘 찾아내지 못해 성근 말로 메일을 보낼 때도 있으니 그것을 알았을 때의 속상함은 다른 사람의 배가 되지 않을까 한다. 그것 또한 낭패다.

이렇게 내 눈은 좌충우돌이다. 겁 없는 사자다. 마구 달리는 한 마리의 말이다. 호기심 많은 주인으로 인해 더 많이 활개치며 곳곳에 부끄러움을 남긴다.

눈은 '마음의 창'이라고 한다. 눈은 뢴트겐으로 찍어낸 마음이다. 눈을 감으면 온 세상이 만화경을 보듯 찬란한 유리알처럼 느껴지는 것은 눈으로 인식 되었던 아름다움이 가슴에 간직되었기 때문이리라.

눈은 하나의 사물과 다채로운 빛깔과 쏟아지는 별빛, 우주를 본다. 그것뿐인가, 역사를 보고 시대를 판단한다. '충성도'를 '충청도'로 읽은 오류는 마음의 눈으로 삼라만상을 보고 가슴에 품는 것을 생각하면 그리 큰 흠은 아닐 성 싶다.

내 눈이 건강한 눈을 어찌 따르겠는가. 건강한 눈은 바르게 보고 본 것을 저장고에 보내는 역할까지도 능히 해내는 눈일 것이다. 그러나 무엇보다 사물이나 타인을 보기 이전에 심연에 웅크리고 있는 또 하나의 나를 보며 스스로를 조율해야 함을 깨닫는다. 그리고 눈에 보이지 않는 것들의 위대함은 보이는 것을 능가함을 잊지 않을 것이다. 어차피 어둔 눈 때문에 또 몇 번의 해프닝을 벌일지는 아직 모르지만 이런 눈으로나마 보이지 않는 것을 보아내는 혜안을 가질 수 있기를 바라는 마음 간절하다.

2015년 2월

이름 석 자

이름이란 내가 부르기보다 남이 더 많이 불러주는 것이 상례다. 그러기에 부르기 쉽고 들어서 상큼한 것이 가장 좋은 이름인 듯싶다. 그러나 이름은 내가 짓는 것이 아니라 부모나 할아버지, 할머니가 그분들의 자식에 대한 소망을 담은 이름으로 확정되는 경우가 대부분이다. 뜻을 곰곰이 따져 한자어로 된 이름들도 있지만, 딸딸이의 연속으로 어른들의 이맛살을 찌푸리게 하는 집에선 '고만'이라든가 '끝년'이란 이름으로, 제발 여식아이의 출산을 끝내 주기를 바라는 경우도 있음을 볼 수 있기 때문이다. 물론 옛날엔 생활 그 자체가 무거운 짐이었기에 이름을 짓는다는 것조차 외면하며 살던 때도 있어, 호호 할머니가 될 때까지 '애기' 또는 '간난이'(갓난이)라는 이름으로 불리어지기도 했다. 사범학교 때 야학에서 노인들을 가르칠 때 도 스무 명 남짓한 할머니 속에 '애기'라는 이름을 가진 분이 4명이나 있었으니….

또 요즘에 와서는 남과는 좀 다르게 지어 보겠다는 의도로 아이의 이름을 '하늘빛실타래로수노아'라든가 '황금독수리세상을놀라게하다'와 같이 긴 이름으로 지어 일어나는 에피소드도 많지 않은가. 밖에서 놀던 아이에게 사고가 나서 부모님께 알리러 가서는 아이 이름만 부르다 끝났다는 이야기는 우리에게 작은 웃음을 자아내게 하니 말이다. 문화관광부의 조사에 의하면 '하늘빛실타래로수노아'가 가장 긴 이름이라고 하니 그 외의 긴 이름들은 부르기가 힘들어 바꾸어 버린 것이리라.

뿐만 아니라 동명이인으로 발생하는 이야기는 또 얼마나 많은가. 입대하고 훈련을 받은 후 부대 배치를 받을 때, 인맥을 동원해 아들을 가까운 곳으로 배치 받도록 해 두었더니 같은 이름의 청년이 육군본부로 왔더라는 이웃의 이야기는 웃지도 못할 일이다. 방법이 틀렸으니 동명이인임을 밝힐 수도 없고….

나도 내 이름 때문에 유년에서부터 어른이 될 때까지 겪은 일들이 무척 많다. 어릴 땐 아이들의 놀림감이었다. '육자, 칠자, 팔자'하며 놀리거나 '육자배기!'하고는 달아나는 남자애들 때문에 울기도 했었다. 이름도 타고난 팔자인 양 아이들은 팔자에서 부르기를 끝내었다. 어른이 되어서는 한글로 쓴 이름을 보고는 대부분 여섯 번 째 아이였느냐고 묻기가 일쑤였다.

어떤 땐 귀찮아서 그렇다고 대답한 적도 있었다. 그러나 내 이름도 역시 아버지의 뜻이었다. 위에 언니랑 오빠가 죽고 병치레하는 언니 하나만 겨우 건져 두었는데, 내가 태어나서부터 약골로 시름시름하자 잘 키워 보겠다고 '기를 육育'을 써서 이름을 지었다고 했다. 그런 아버지의 뜻이야 좋지만 나는 내 이름이 무척 싫어 언젠가 일본식의 이름인 '아들 자子'자로 끝난 이름들은 호적을 고칠 수도 있다고 할 때 바꿀까도 생각했다.

그러나 이렇게 희귀한 이름이다 보니 이름만 보고도 찾아주는 사람들도 적지 않다. 대학을 졸업하고 부산공보관을 빌려 시화전을 할 때였다. 사범학교 때 교감 선생님이셨던 정신득 교감 선생님께서 작은 화분을 들고 찾아 주셨다."닌 줄 알았다. 천지에 니 이름이 또 있겠나, 더구나 니 이름 그대로 학생들을 가르치고 있으니 보람된 일이지." 하시며. 한글학자이시며 국어를 가르치셨던 분이신데도 친근히 건네주신 그분의 그 구수한 부산 사투리. 사범학교 시절, 나는 담임선생님께도 보내지 않던 문안 편지를 교감 선생님께는 방학마다 드렸던 인연 때문이기도 했다. 지금 생각해 보면 나는 이미 그때 국문학에 심취해 있었고 교감 선생님의 한글에 대한 열정에 빠져 있었던 것 같다. 교감 선생님의 자택이 동래구 칠산동이었던 것까지도 기억하고 있는 것을 보면. 생각해 보면 내 희귀한 이름으로 잊고 지냈던 스승님을 만날 수 있었던 것이다. 제자를 사랑하셨던 선생님을 생각하면 눈시울이 뜨거워진다. 이젠 고인이 되셨으니 명복을 빌 뿐이다.

우리는 '얼굴값 한다', '이름값 한다'는 소리를 흔히 듣는다. 전자는 별로 좋지 않은 의미로, 후자는 좋은 의미로 쓰이는 경우가 많다. 사람들은 그 '이름값'이라는 것에 기대를 건다. 그것이 제 하기 나름임을 어찌 모를까마는.

얼마 전 묵상하는 모임에 참가한 적이 있었다. 프로그램의 마지막은 하트 모양의 손바닥만한 분홍색 종이에 자신의 이름을 빼곡히 채우고 묵상하라는 것이었다. 그러나 이름이 마음에 들지 않는 사람은 갖고 싶은 이름으로 채우라고 했다. 난감했다. 주어진 30분의 시간! 나는 그리도 탐나던 이름들을 뇌어보았다. 예쁜 이름, 고운 이름, 부를 때 운율이 맞아 굴러가듯 매끄러운 이름. 많은 이름들이 필름처럼 흐르고 있었다. 시간도 함께 흐르고.... 쓰지도 못했으니 묵상은 생각할 수도 없었다. 시간이 임박해서야 나는 내 이름 석 자로 그 종이를 메우고 말았다. 정작 갖고 싶은 이름이 없었던 것이다. 홀대하던 내 이름이 넓은 모래사장에서 반짝 눈에 뜨인 한 조각 유리알처럼 빛남을 발견한 것이었다.

그렇다! 내겐 내 이름이 가장 좋고 어울리는 이름이었다. 아버지의 뜻이 어려 있기 때문도, 내가 그 이름을 빛내었기 때문도 아니었다. 내 이름은 내 삶을 그대로 간직한 것이었다. 눈물도 기쁨도 이름 위에 덧씌워져 있었기 때문이었다. 항상 부끄러워하고 쑥스러워했던 내 이름 석 자도, 내 존재도 모두가 값진 것임을 깨달은 순간이기도 했다. 다시 보며 풀이해 보아도 그럴싸하다. 이름에 담긴 아버지의 소망은 내가 건강하게 자라주기를 바라는 것이었지만 이젠 내 몫이니 내 소망을 담고 싶다.

글을 쓰면서 내 영혼의 눈금을 올리고 내 글로 가슴이 시린 사람들의 마음을 따뜻하게 데워줄 수 있다면 이름에 조금은 합당한 것이 아닐까. 이제야 눈을 뜬 것일까! 이름값이라도 하고 또 그렇게 남길 수 있다면 무엇을 더 바라랴. '인재명호재피人在名虎在皮'라고 하지 않는가!

2009년 7월

인연

텔레비전에서 제주도 구좌면의 특산물을 소개하고 있다. 당근이 특산물이란다. 전국 생산량의 약 45%를 차지하는 구좌 당근은 유기물 함량이 많고, 수분이 많으면서도 당도가 높아 상품성이 뛰어나다고 이야기하며 한입 베어 먹어 보인다. 구좌면 주민들의 환한 웃음과 주름진 얼굴에서, 학창 시절에 작은 인연으로 만났다가 지금은 소식조차 알 수 없는 펜팔 남학생을 떠올린다.

사범학교 2학년 때였다. 지금 생각해 보면 그런 숙제가 있었다는 것도 낭만적이었다는 생각이 든다. 여름방학이 되면 어김없이 주어지는 식물채집이다. 중학교 때부터 고등학교 1학년 때까지만 해도 잎사귀만 붙여서 가면 그렇게라도 한 것을 기특하게 여겨서인지 통과되었는데 2학년을 담당한 최 선생님은 어림도 없었다. 뿌리 한 가닥도 상하지 않게 그 모양 그대로 채집을 해야 한다고 하셨다. 뿌리처럼 생긴 줄기도 있고 줄기처럼 생긴 뿌리도 있어 뿌리까지 있어야만 식물도 제값을 한다고 했다. 그러니 잎만 약체같이 따서 붙여 온 숙제는 무효이며 그것도 서른 종류 이상이라야 된다는 단서까지 붙이셨다. 난감했다.

방학 첫밤을 자는 둥 마는 둥 밝힌 나는 비밀처럼 감추어 두었던 펜팔 남학생의 편지를 끄집어내었다. 제주도 구좌면 세화리! 그때 유일한 학생 잡지인 학원에서 내 시를 읽고 보내온 고3 남학생의 편지였다. 답신은 한 번도 보내지 않았지만 정성스레 보낸 달필의 편지를 버리지는 못했다. 그 편지를 버리지 못하고 보관해 둔 것이 우리 인연의 끈을 이어 갔는지도 모른다. 그 식물채집을 부탁할 용기는 어디서 났을까. 제주도의 희귀한 풀 종류로 뿌리째 뽑아 식물채집을 해 줄 수 없느냐고 했던 것 같다. 염치없는 부탁으로 부끄럽기도 했지만 이미 화살은 날아간 후였다. 답신이 없자 당연한 일인 것 같아 나는 내 나름대로 이름을 아는 몇 개의 풀만 캐어 신문지 사이에 넣어 무거운 책으로 눌러두었다. 선생님의 요구조건의 숙제에는 미치지 못하지만 어쩔 수 없었다. 그리고 다른 일에 매달리고 있었다.

방학이 끝나갈 무렵, 내게 도착한 소포는 식물채집 스크랩북이었다. 꼼꼼하게 제주도에서 온 식물들이 잔뿌리 하나 상하지 않게 곱게 말려져 스크랩북에 멋지게 붙여져 있었다. 궁지에 몰리듯 어쩔 수 없어 한 부탁이었기에 크게 기대하지는 않았는데. 정성스레 보내어 준 것에 고맙기도 하고, 사실은 어떤 남학생일까 궁금하기도 했다. 그러나 고맙다는 말만 짧게 엽서에 써서 보냈다. 개학을 하고 나서 숙제를 제출했을 때 선생님께서는 칭찬을 아끼지 않으셨는데 제주도에서만 볼 수 있는 풀들이 대부분이라고 하시면서 무척 좋아하셨다. 물론 그 숙제는 돌려받지 못했으니 생물실에서 후배들을 위한 일종의 부교재로 사용되었으리라 생각한다. 내 인연의 끈으로 이루어진 제주도의 들풀 채집이 후배들에게까지 보여 질 수 있다니!

다음 해, 내가 3학년이 되고 교생 실습 나갈 준비를 하던 여름 방학, 늘어지게 낮잠을 자고 깨어난 저녁 무렵이었다. 예고도 없이 대학 교복을 입은 그 남학생이 나를 찾아왔다. 서울로 진학을 했고 방학이라 고향으로 가는 길에 부산에 들렀다고 했다. 염치없이 큰 숙제를 부탁했고 답신으로 고마웠다고 달랑 엽서 한 장을 보내었으니 서운할 수도 있겠다라는 생각이 들어 덜컥 겁이 났다. 지금도 마찬가지지만 나는 편지를 쓸 때는 말을 아낀다. 지나치게 감정을 쏟음으로써 상대방의 오해를 불러 올까봐 말을 삼간다. 특히 이성일 경우는 더 조심하게 된다. 그래서 가끔은 글 쓰는 여자가 맞느냐는 소리를 듣기도 한다. 그러나 숙제를 부탁할 때는 아무리 생각해도 문학소녀가 할 수 있는 말재간을 다 동원하지 않았을까 하는 우려 때문이었다. 그러나 지레 겁먹고 있는 내 깊은 속까지 들여다보듯 그는 요즘도 내 시를 잘 보고 있다고, 그리고 작품을 계속 쓰기를 바란다는 얘기만 할 뿐 숙제를 해 준 것에 대한 생색은 내지 않았다. 반쯤 얼어붙은 입으로 겨우 미안하고 고마웠다는 말만 했다. 아주 작은 제과점에서의 짧은 만남이었다.

부산을 떠나 서울에서 교단에 섰고, 학생들에게 용비어천가의 '뿌리 깊은 나무는 바람에 아니 흔들리므로, 꽃 좋고 열매 많나니'에 나타난 뜻을 설명하는 경우가 있을 땐 뿌리째 식물채집을 해 준 남학생이 가끔 생각났다. 그러나 그뿐이었다. 제과점에서의 만남 이후, 조금은 야속하게도 그에게서는 한 통의 편지도 없었다.

내가 S여중으로 옮겨 왔을 때였다. 어느 날 시인이며 동료인 L선생은 문우를 소개해 주겠다며 나를 종로의 조그마한 카페로 데리고 갔다. 매캐한 담배 연기가 나를 맞아 주던 그 날을 잊을 수 없다. 동료교사가 내게 소개하는 장년의 시인이 제주도의 그 남학생이라니! 실로 묘한 인연이다. 서로 아는 사이인 것을 알게 된 동료교사는 어이없는 웃음을 웃었다. 식물채집에 얽힌 이야기며 답신에 인색했던 당돌한 여학생이었다고 오히려 그가 내 동료에게 나를 소개했다. 17년이라는 세월이 흘렀고, 우린 모두 적당히 세속에 젖어 있었기에 얼굴 붉히지 않고도 옛날을 허심탄회하게 얘기할 수 있었다. 그날 저녁은 허기지도록 많이 웃었다.

얼마 뒤에 또 다시 그로부터 편지를 받았다. 옛날과 같은 가슴 떨림은 없었다. 그 편지는 학원 잡지에 기고한 '사랑에게'라는 그의 시와 그 시의 작품 노트를 스크랩해서 보내준 것이었다.

"두어 달 전 나에게는 참으로 우연하게도 한 여인과의 해후가 있었다. 그 해후에서 나는 십칠 년 전 당시 인생의 개화기를 맞이했던 나 자신의 동경과 고독이 얽힌 사랑의 모습을 찾게 되었다. 한 마디로 이 시는 나의 무자각적 의식에서 꾸준히 자라온 젊음의 재발견이다."

시인이 된 그는 청소년들에게 자기의 젊은 날의 꿈과 추억과 고독을 담담한 목소리로 진솔하게 들려주고 있었다. 우리의 이 인연을 나는 스쳐가는 바람으로 잊어버리고 사는 동안 그는 문학으로 승화시켜 아름다운 글을 빚어내고 있었다.

인연이란 무엇일까. 인연이 연분이 되어 질곡의 세월을 함께 해 나감도 흔히 보기도 하지만 악연으로 인해 평생 상처를 안고 사는 사람들도 있으니. 인연으로 웃고 인연으로 가슴 앓는 것이 또 하나의 삶임을 부인할 수가 없다. 그와 나의 인연은 바람처럼 스쳤다가는 흐르는 강물을 사이에 두고 강둑에 앉아 저물녘이 되도록 바라보는 것인지도 모른다. 손을 흔들며 건강하라고, 그리고 건필하라고 빌고 있겠지. 내가 그러하듯 그도 나처럼.

2009년 6월

뒷모습

"내려가 보겠습니다." 아들이 주말을 집에서 보내고 근무지인 군산으로 내려가며 인사를 한다. 자동 센서로 들어오는 현관의 불이 켜지는 순간, 신을 신고 있는 아들의 어깨가, 아니 뒷모습이 눈에 들어온다. 그 순간 눈앞이 흐려진다. 저렇게 나이 찬 아들이 근무지로 가는데 눈물이라니, 유배도 아니요, 쫓겨 감도 아닌데….

아들이 군산으로 내려간 지도 벌써 4년이 되었다. 서울에 있던 회사가 군산의 '군장群長단지'로 이전하였기 때문이다. 회사에서 마련해 준 아파트의 작은 방 하나에서 혼자이거나 두 명이 지내기를 4년이다. 닷새는 군산에서, 이틀은 서울에서 지내는 셈이다. 그러다 보니 어디에도 안주할 수 없는 철새 같은 아들이 안쓰럽게 보였기 때문인지도 모르겠다.

아들은 학부형이 되었다면 이미 오래 전에 되었어야 할 나이다. 그것도 꽤 듬직한 학생의 학부형으로. 그러나 아직도 제 반쪽을 찾지 못하고 있다. 나를 위로하느라고 지인들은 요즘은 아예 혼기婚期가 없다느니, 인연을 아직 만나지 못한 탓이라고 말을 하지만 어디 그런가.

내가 아들의 뒷모습을 처음으로 느꼈던 것은 아들이 초등학교에 입학한 그해의 늦봄, 5월의 어느 토요일이었다. 그날은 내가 근무하던 학교가 개교기념일이었기에 집에서 조금 떨어져 있는 재래시장에서 점심거리를 사서 바삐 집으로 가고 있었다. 그때 앞에서 꼬마 하나가 '나비야, 나비야..'를 부르며 신주머니를 둥글게둥글게 흔들어 원을 그리며 홍제천을 따라 걷고 있었다. 신명나게 부르는 동요를 따라 어깨에 내려앉던 햇살만큼이나 무구하게 느껴지던 아이의 뒷모습. 나의 아들이었다. 아들은 토요일 오후를 그렇게 개울을 따라 걷고 있었다.

아들이 초등학교에 입학한 후 글씨를 쓰기 위해 가지고 간 색연필을 그만 잃어 버리고 왔다. 다음날 색연필 하나하나 마다에 이름표를 붙여 주자, 실수로 떨어뜨렸나 보다고 하며, 이름표를 떼어 버리고는 등교했다. 신뢰하지 못하는 엄마를 무안하게 만들면서. 그러나 그날 또 잃어버리고 돌아와서는 이상하다는 듯이 머리만 갸우뚱할 뿐 아무런 말도 하지 않던 아이였다. 모든 일에 소극적이고 소심했으나 세상은 아름다운 것이라고만 생각하는 아들이었다. 삶의 자리가 낙원인 줄만 알았다. 그렇게 유년기와 사춘기, 그리고 청년기를 보냈다.

부모에게는 제 자식만큼 귀하고 예뻐 보이는 존재가 어디 있겠는가. 고슴도치의 우화를 보아도 그렇질 않은가. 호랑이가 야들야들한 새끼들을 잡아먹으려고 산 속으로 들어가는 것을 본 어미 고슴도치는 제발 가장 예쁜 새끼는 잡아먹지 말라고 부탁을 했다고 한다. 어미 고슴도치는, 자기 새끼만은 유일하게 살아남을 수 있으리라 생각했던 게다. 그러나 호랑이가 가장 먼저 잡아먹은 새끼는 고슴도치였으니…나도 어미 고슴도치임에 틀림없다. 아들이 곱게만 보이는 것이.

못난 탓이든 용기가 없든 그 이유는 알 수 없지만, 조건이 까다로운 녀석은 아니라고 생각하고 있다. 건사해야 할 가족이 생긴다는 것부터가 아들에게는 두려움이다. 한눈에 '내 짝'이라고 느낄 나이는 한참 지났다. '가정'이라는 것이 기쁨도, 어려움도 나누어 가지는, 더불어 사는 작은 공동체임을 느낄 수 있다면 좋으련만 그러하질 못하니 안타깝다. 안타까움은 바위가 되어 가슴을 누르고 있다.

한 번쯤 거쳐야 할 인생의 여정! 가족으로 인해 어깨에 내려앉는 삶의 무게가 힘겨움이 아니라 기쁨으로 느낄 수 있기를 바래본다. 새로운 항해에 선장이 되었을 때, 두려움이 아니라 자신이 그만큼 소중한 존재로 가슴에 각인된다면 더할 나위 없겠다.

힘들다고 하면서도 손자의 재롱에 시름을 잊고 싶은 마음은 바로 나의 욕심이며, 그게 바로 사는 맛이라고 하는 것도 이기적인 생각인지도 모르겠다.

이렇저렁 수많은 말을 삼키는 내 가슴에 구멍을 남긴 채, 아들은 허허로운 뒷모습을 보이며 그를 기다리고 있는 일터를 향해 집을 나선다.

결혼한 젊은이들의 휴대전화의 배경화면엔 아내나 아이들의 웃는 모습으로 수놓아져 있고, 또 어린 손자를 둔 노인들의 전화엔 대부분, 손자들의 재롱떠는 모습이 저장되어 있다가 자랑삼아 뛰어 나온다. 그러나 내 아들의 휴대전화엔 달력이 나오고 나의 것에는 구름이 흐르고 있다. 붙들고 싶은 시간의 흐름이다.

"조심해서 운전하고, 과속하지 말고, 양보하면서 가라."는, 잔소리 아닌 잔소리로 아들을 배웅하고 현관문을 닫으려다 내려다보니, 꼬마를 목말 태우고 가는 젊은이가 보인다. 신명나게 아이의 손을 흔들어주며 가는 그 어깨에 햇살이 내려앉아 있다. 종다리 같이 지지배배 아이가 소리를 낸다. 행복에 겨운 젊은이의 흥이 뒷모습으로 흘러내린다. 망연히 바라본다.

현관문을 닫으며, 나의 아들도 오늘의 모습이 아닌, 홍제천을 따라 건던 자신의 옛 모습 같은 아이를 데리고 저렇게 신나는 뒷모습을 보여 주며 나가기를 소망해 본다. 아들의 온기 서린 뒷모습이 아직도 현관에 잔영으로 남아 있는데….

2010년 8월

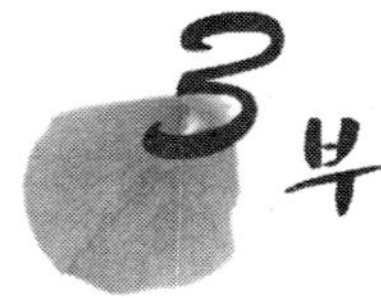

3부

일상을 빚다

1.

봄의 끝자락, 그리고 하루를 갈무리하는 밤이다. 새삼스레 듣는 클레이 에이킨Clay Aiken의 'Without you'에서 왜 더 슬프디슬픈 카드놀이 하는 남자의 애절함을 느끼는지 알 수가 없다.

좋아하는 노래가 잡식성이 된 지는 오래다. 가장 큰 변화는 클래식만을 고집하던 내가 팝 음악의 마니아가 된 것이다. 사실 나는 좀 구식이어서 노랫말도 소중히 여겨 팝의 가사 읽기를 좋아한다. 근간의 것은 우선 리듬과 가수의 음색과 기교가 주는 이미지가 귀에 감길 때에 한해서지만. 가사 전달이 좋을 때 더 즐길 수 있다고 생각한다. 이 노래도 그런 노래의 하나로 간직되어 있다.

혼자 남겨진 설움 같은 것. 작별하는 봄꽃의 하롱거림이다. 그런데 느닷없이 세잔느의 〈카드놀이 하는 사람들〉이 생각나는 것은 그들의 모습이 바로 혼자만이 감당하는 시간이리라 생각하기 때문이다. 파이프를 문 사람과 또 한 사람의 남자가 앉아 열중하는 카드놀이 하는 그림.

이렇게 연상의 꼬리를 물고 이어지는 것은 바로 예술이 가진 공통의 힘이 아닐까 싶다. 그렇다, 음악이 문학을 불러오고 미술이 철학이라고 이름 짓는 종교를 옆에 앉힌다.

어디 그것뿐인가. 한밤중인데 기어이 커피 한 잔을 마시기 위해 램프 심지에 불을 붙인다.

기쁨의 눈물이다. 그리고 입속에 넣어 음미할 것이다. 추억도, 사랑도, 세월도, 내가 살아 있을 수 있는 시간도. 그러기에 예술은 인생이다!

2.

"우린 왜 사랑을 하지 못했을까요?"라고 흰머리 희끗한 그에게 물었다. 만삭이 된 보름달이 나에게 몇 십 년을 지나 온 이야기를 묻게 했다.

그는 덤덤히 대답했다. 나처럼.

"쬐끄만 가시나가 악수를 하자 했더니 악수를 하고 나서 손수건을 끄집어내더니 내가 보는 앞에서 손바닥을 싹싹 닦더라, 기분이 나빴지만 참았지."였다. 정나미가 떨어졌다는 말을 삼켰음을 나는 안다.

갈래머리 여고생 때였다. 문학 외에는 눈에 보이는 게 없던 시절이었다.

분명 결례였다. 생각나지 않는 결례였다. 그 상황으로는 그러지 말았어야 했다.

살아오면서 얼마나 많은 무례와 결례를 저질렀을까.

3.

나이가 들어가면서 마음이 넓어지는 것 같다고 느끼는 것은 그만큼 배려가 깊어지고 마음을 내려놓기 때문이 아니라 어쩔 수 없이 모든 면에서 점점 무기력해지기 때문에 포기하는 것이 아닐까. 내려놓음이 아니라 한 마디로 포기다. 포기에도 용기는 필요하다. 또한 그 용기는 아름다움일 수도 있다.

옛날에 양담배가 휩쓸던 시절이 있었다. 담배를 필 줄 아는 사람들이라면 담배를 입술에 물고 연기를 날리던 시절. 거기에 얽힌 이야기조차도 무성하던 시절이었다.

교무실에서도 곁에 앉은 사람은 아랑곳없이 연기로 동그라미 만들어 날리며 우수에 젖은 배우의 흉내를 내며 푹푹 담배를 피던 시절이었다.

그러나 옆에 앉은 선생님은 누가 양담배를 주어도 항상 사양했다. 굳이 국산담배만을 줄곧 피웠다. 애국자인 양, 선배를 생각해서 내미는 후배들의 손을 무색하게 했다.

어느 날, 기어이 묻고 말았다. 특별한 이유가 있거나 주는 사람들이 마음에 들지 않아서인지 궁금했기 때문이었다.

의외의 대답을 들었다. 양담배를 평생 필 형편도 아니요, 또 나중엔 구하기도 힘들 텐데 맛들여 놓으면 아쉬움이 클 것이라고, 그것만이라도 아쉬움에서 벗어나고 싶다고 했다. 이해가 되지 않던 때였다. '한 번 피워나 볼 일이지.'

그러나 버리는 것에 익숙해지기를 갈망하면서 그 선생님을 이해한다. 버리는 것의 종류에 대해서도. 싫어서 버리기, 내 것이 될 수 없기에, 맛들이기 전에. 그런데도 용기가 없어서 쥐고 안절부절못하는 것이 너무 많다. 버리기는커녕 오히려 빼앗길까봐, 아니, 정작 버려서는 안 되는 사람조차도 버리면서.

2014년 5월

동행

6년의 세월을 같은 교문을 드나들며 비교적 가까이 지냈으나 친구를 이해하려고 해 본 적은 없었다. 내가 프러시언 블루라고 하면 친구는 일곱 색의 무지갯빛 같다는 생각이 작은 벽을 만들어 두었는지도 몰랐다. 그러나 여행의 동행이라고 하면 그럴싸하게 맞을 것 같았다. 그랬다. 적어도 외형적인 조건이 우린 맞았다. 동갑의 글쟁이며, 그림을 좋아하고 클래식 마니아며, 여행에의 유혹을 뿌리치지 못하는 헤픈 마음이며 아름다움에 부끄러운 줄 모르고 흥분하는 것까지도 비슷했다.

친구가 두 사람만의 자동차 여행을 제안해왔다. 손수 운전하며 두 나라를 돈다는 것이 얼마나 힘들고 인내가 필요할 것이라는 것은 계산에서 빼버리고 손을 부딪쳤다. 헤세Hesse가 유년을 보낸 독일의 칼브Calv와 43년 동안이나 작품 활동을 하고, 마지막을 묻은 스위스의 몬타뇰라Montagnola까지. 몇 번의 여행으로도 가보지 못한 독일과 스위스의 변두리를 누비리라 생각하며 망설임을 접었다. 설렘이었다. 프랑크프루트에서 차를 빌려 독일에서 나흘, 그리고는 스위스에서 열나흘을 그리워하던 곳을 눈에 담고 취리히에서 차를 반납하고 돌아오기로 하였다. 동행을 그렇게 시작했다. 줄줄이 병마를 매단 나는 친구에겐 건강한 듯 어깨에 힘을 주며 나선 길이었다.

동행이란 무엇인가. 함께 간다는 단순한 의미로만 이루어질 수는 없다. 더구나 자동차라는 작은 공간 속에서의 숨 쉬는 시간이 더 많은 여행에서야 말할 나위도 없다. 등대처럼 네비게이션을 앞세웠지만 외국어로 나오는 짤막한 멘트가 얼마나 당혹함을 가져왔던가. 동행이란 2인 3각의 행진이다. 한 사람의 욕심이 가는 길을 더디게 하고 또 한 사람의 유약함이 길을 멈추게 한다. 들숨날숨이 맞아야 가는 길이 평화롭다.

흥분과 기쁨으로 새로운 곳에 도착할 때마다 반가운 손님처럼 안기던 성취감과 안도감보다 걱정과 조바심의 무게가 더 무거웠다. 질곡의 삶처럼 길 위에서 길을 잃을 때, 망연히 서로 쳐다보았으나 왜 내 탓이라는 말이 그리 수월하게 나오지 않았던지…. 잘못 든 길이 하루를 저물게도 했다. 지도에 나와 있는 도로를 따라 달리기는 했지만 덤처럼 또 하나의 작은 길이 나타날 때의 막막함. 임시공사로 도저히 해결책이 없을 땐 낯선 이국인들이 길을 가르쳐 주었지만 외국어에 길들이지 못한 청력의 한계로 다람쥐 쳇바퀴 돌기도 수없이 했다.

독일의 하늘을 가린 숲. 오죽하면 검은 숲일까. 온통 숲으로 덮인 길엔 적막과 어둠이 내려앉곤 했다. 그러나 아침이 열리기만 하면 안개가 춤추며 피어올랐다. 그것은 환상적인 베일이었으나 차를 몰아야 하는 우리에겐 앞을 가린 우수憂愁였다. 독일과 스위스, 그들은 숲으로 숨을 쉬고 그것이 자원이 되고 힘이 되어 있었다. 그 힘 속을 수레바퀴를 돌리듯 헤치며 달렸다. 말을 잊기도 했다. 적막을 깨뜨릴 용기를 내지 못했다. 네비게이션의 속삭임이 묻혀버릴까 봐 전전긍긍하며 달려 간 긴장의 연속이었다. 끝없는 독일의 아우토반, 꿈을 꾸듯 달리다 나가는 길을 놓치면 하루가 저물었다. 또한 스위스의 높고도 구불거리는 길은 귀를 먹먹하게 했다.

동행이란 무엇인가. 하늬바람이 높새바람과 어우러져 너울너울 춤추며 산야를 누비고 수없이 많은 호수에 빠져 있는 하늘이 구름과 더불어 쉼 없이 가고 있는 눈짓과 같다. 맞잡은 손에 땀이 흘러도 쉬이 빼낼 수 없는 침묵의 약속 같은 것이다.

인생의 길이다. 그 길에서 만나는 크고 작은 일들의 부딪침이다. 산다는 것, 삶을 영위한다는 것은 혼자만의 길을 만들어 두고 갈 수는 없는 일이다. 네가 있으니 내 길이 보이고 내 길에서 네 길을 찾는다. 너른 바다 위에서 비바람과 풍랑을 만날 때처럼 공동의 운명 줄에 서로를 묶는다.

나흘간의 독일일정을 뒤로하고 산악의 스위스에 도착해서

통행증같은 비네트를 40유로를 주고 살 때 진정한 동행은 지금부터구나 하는 설렘과 불안이 함께 왔다. 인생의 길과 같은 좁고도 높은 구절양장의 길을 도저히 피해갈 수 없었기 때문이었다. 그것은 우리가 택한 운명과 같은 것이었다. 새로운 곳에서 얻는 흥분을 위해 떠나야 했다. 단지 명심해야 할 것은 상대방의 실수를 나도 능히 저지를 수 있다는 관대한 마음이 아니고는 동행은 불가능하다. 2인 3각이니까. 상대방의 호흡을 다시 읽는다. 그 호흡에 나를 얹는다. 나는 없고 '우리'라는 커다란 푯말을 다시 안고 떠난다. 그리하여 하루를 끝내고 밤이면 찾아들어가는 잠 잘 곳도, 한 끼의 식사도 감사 기도의 대상이었다. 이런 동행은 그저 산야가 내리쏟아주는 맑음과 숲의 힘에 멱 감으며 일체가 되어 달리는 것이다. 동행하는 이의 호흡이 나의 숨결임을 믿는다.

열여드레가 지나 취리히에 도착하여 애마처럼 쓰다듬으며 몰고 온 볼보승용차를 돌려주었다. 그리고 2인3각의 끈도 풀었다. 가슴에 꽉 찬 이름 할 수 없는 것으로 아무런 말도 나오지 않았다. 우린 해내었고 무사했다. 젖은 눈으로 서로의 등을 쓰다듬는데 유월의 끝자락이 진초록 물결에 출렁이고 있었다.

2015년 7월

초대

1. 낙조의 변산 마실길에

경쾌하게 걸어오는 가을 길을 따라 유혹 같은 초대가 날아왔다. 오송역으로 카메라를 갖고 올 수 있느냐고. 무리는 금물이라고 나를 걱정하는 두 번째 메일은 이미 눈 밖을 벗어났다.

오송역에 도착하자, 마중 나온 그가 차 안에서 내비에 '부안 마실길'을 하얀 손으로 점자를 치듯 누를 때에야 변산 마실길을 담았던 사진이 부주의로 삭제되어 버린 것을 이야기했던 사실이 생각났다. '가슴에 담고 있었구나, 언젠가 한 번은 그 길을 같이해 주리라 마음먹고 있었구나.' 더 이상 묻지 않았다. 그의 마음을 읽었는데 뭘 더 묻겠는가.

바람을 가르며 달리다가는 아름다운 적벽강, 채석강이며 잃어버린 곳들을 찾아 카메라에 담고는 나들이의 끝자락쯤인 내

소사에 들어섰다. 가을이 질펀히 깔린 길에 엷은 구름이 내려앉아 있었다. 지난겨울에 왔을 때 동안거에 들어간 스님 대신 울던 곤줄박이는 아직은 보이지 않고 단지 1000년 세월의 풍상을 견뎌온 느티나무만이 오는 손들을 맞이하고 있었다. 산그늘이 길게 내려오기에 발길을 재촉하여 내소사를 나와 곰소항으로 갔다. 짠 냄새가 쏴하게 차창 틈으로 스며들었다. 정적에 잠긴 곰소항엔 낙조의 자르르한 빛 속에 낚시를 드리운 사람들만이 몇 보일 뿐이었다. 찌의 흔들림 외에는 모두를 내려놓은 듯한 무심한 얼굴들이 바다에 얼비치고, 팽개쳐진 배들이 자유롭게 휴면 속에 있었다. 만족스럽게 모두를 앵글에 담았느냐는 그의 질문에 눈시울이 뜨거워 고개를 돌린 채 끄덕였다.

그의 앞길에 촛불 하나 밝혀준 적도 없다. 37년 전쯤일까. 까까머리 소년의 응석과, 투정과 짜증을 들어준 것밖에 생각나는 것은 없다. 패대기치듯 울분을 토하면 토하는 대로, 곰살궂게 굴면 그런 대로 받아준 것밖에 없다. 소년은 자라 청년이 되고, 또 가장이 되는 날이 올 테니까. 역시 그랬다. 어엿한 대학생의 아버지가 된 그가 이젠 사위어가는 내 건강을 걱정하며 그때의 나를 떠올리고 있다.

갚음이란다. 그의 초대는 낙조 같은 아스라한 회상의 반추다. 고맙다.

2. 낙엽 진 함양 상림공원에서

부산에 사는 친구가 가을의 엽서를 보내왔다. 꽃보다 아름다운 단풍을, 아니, 단풍보다 눈 아린 낙엽을 밟게 해 주겠다고 경주에서 만나자고 했다. 신경주역에서 만난 우리들은 가을 향기 같은 커피 향을 찾아 카페 '슈만과 클라라'에서 핸드드립으로 갓 볶은 에티오피아의 '예가체프'를 목젖으로 넘기고는 추억이 되어 버린 이야기들을 곱씹으며 시간을 갉았다. 그 향기를 나누기 위해 경주의 리조트에 하룻밤을 묵은 셈이었다.

밤을 밝히고 이른 새벽, 비가 되어 쏟아진 낙엽 길을 찾아 함양 상림공원으로 갔다. 신라시대 최치원 선생이 재난으로부터 백성을 보호하기 위해 만든 최초의 인공의 숲, 천 년을 간직한, '천 년의 숲', 여름엔 그리도 많던 연꽃이 이젠 수장되고 그리움에 목말라하던 꽃무릇은 흔적조차 없는데 우르르 쏟아지는 낙엽만이 빗방울 되어 머리에 내렸다. 낙엽이 낙엽을 이불로 삼고, 낙엽 위에 낙엽이 드러누웠다. 고개를 들면 낙엽이 쏟아지는 터널이다. 아래는 융단인데. 바람이 사정없이 불었다. 마지막 한 잎까지도 떨어뜨릴 모양이었다. 그리고는 홀연히 사라지겠지. 몫을 다한 목자처럼 가 버리겠지. 저벅거리다가 발목이 빠졌다. 태우지 않아도 낙엽의 내음은 생솔가지 같은 푸름으로 온몸을 훑으며 올라왔다. 발목을 시리게 하는 낙엽의 늪에 우정을 얹었다.

친구의 초대는 가늠할 길 없는 가을의 깊이였다.

3. 철새의 도래, 금강 하구 둑에서

금강하구 둑에 도착했을 때 군산세계철새축제는 제법 무르익어 있었다. 멀리 보이는 철새들의 몸놀림이 쌍안경 속으로 들어왔을 때 머리꼭지에 초록의 반짝임이 두드러진 청둥오리의 수컷은 팜므파탈의 여인의 모습으로 암컷을 데리고 으스대며 헤엄쳐 나가고 있었다. 그리고 비상할 준비를 끝낸 가창오리가 띠를 두른 모습으로 줄을 섰다. 철새의 압권은 역시 가창오리의 군무이다. 그들은 식물의 열매나 작은 곤충을 찾아서 어둠이 깔리기 시작하면 날갯짓으로 바람을 가르며 까맣게 떼를 지어 비상한다. 디딜판으로 힘을 얻듯 출렁 한 번 내려와서는 엉덩이를 강물에 담갔다가는 튕겨 올라 날아가는 그들의 몸짓. 구만 리 하늘 끝. 노랑, 초록, 검정에 금을 그은 그들 얼굴이 쌍안경에 들어온 순간 가슴은 뛰고 손바닥엔 땀이 괴었다. 새카맣게 하늘을 수놓으며 먹이를 찾아가는 그들의 비상에서 감추어진 자유와 평화를 보았다. 우리나라에서 겨울을 나는 그들이 반갑고 고맙다.

자연과 인간의 아름다운 동행에 초대 된 그들. 그들과 하나 된 내가 그 속에 있었다.

4. 빛과 소리를 초대하며

사막에 내리는 비만큼이나 건강한 날이 적었던 겨울이었다. 다시 떠오른 태양을 맞는 새날의 기쁨을 알까. 굴러다니는 돌

멩이 하나, 잡초나 평범한 나뭇가지조차도 아름답다.

기왓장을 타고 흐르는 빛살과 웅얼대며 기어오르는 봄의 소리가 유리창을 더듬는다. 좁은 방, 빈곤한 내 영혼이 자리하는 곳이지만 수줍은 마음으로 그들을 내 방에 초대한다. 그리하여 신방처럼 환하게 밝아지고 웅얼거리던 소리가 왁자하게 방안을 채우면 사랑하는 사람들에게 편지를 쓰리라. '씨줄 날줄로 엮어진 세상은 아름다운 천국이네요, 그리고 그 속에 나, 살아 있어요.'라고.

2015년 12월

풍경

“줄초상 납니다.” 병원으로 들어가는 입구, 노점상에서 발견한 문구였다. 섬뜩했다. 다시 보니 할아버지의 낡은 소매 끝에 숨어 있는 글자가 보였다. “개미, 바퀴, 줄초상 납니다.” 연신 손으로 가루를 뭉쳐 동그랗게 빚으며 거기에 마음이 빠져 누가 무엇을 달라고 하는지도 몰랐다. 아이러니컬했다. 담보 잡혀 놓은 목숨을 기한 넘기지 않고 찾으러 가는 사람처럼 헐떡이며 병원으로 가는 나에게 줄초상이라는 말은 묘하게 다가왔다.

다시 한 폭의 그림처럼 나란히 앉아 있는 사람들을 얼른 훑어보았다. ‘줄초상’ 난다는 말을 믿어 주기를 바라는 할아버지 곁엔 ‘국산’이라고 쓴 팻말을 붙여 놓고 할머니가 앉아 콩이며 녹두를 팔고 있었다. 그 곁엔 만 원이라는 값을 짊어진 바지가 해바라기를 하고 있었다.

그랬다. 모두가 일상에 생명을 걸고 있었다. 산다는 것은 마련된 것이긴 하지만 스스로 지키고 가꾸며 꾸려 나가야 함을 가르쳐 주는 이 풍경은 병원으로 들어서는 내 꼬리를 잡고 함께 따라오고 있었다.

병원으로 들어서니 바삐 움직이는 사람들로 일터라는 느낌이 들 뿐 환자들이 드나드는 곳으로 느껴지지 않았다. 병원의 복도엔 작은 음악회가 열려 오가는 사람들의 발길을 잡고 있었다. 우리의 가곡이 봄날을 수놓고 있었다. '살아 있음'이었다.

노래를 귓가로 흘리며 내과를 찾아 진료 받아야 할 곳으로 가서 자리 잡고 앉았다. 이제 내가 있어야 할 곳을 찾아 온 듯 했다. 여기로 오기까지 깊은 숲속을 헤쳐 온 느낌이었다. 낯익은 얼굴들도 보였다. 거의 같은 병으로 투병하는 사람들이라 만나면 무척 반갑다. 다시 만났다는 기쁨과 잘 극복해 나가는 아름다운 모습을 거울에 비춰 보이듯 보기 때문이었다.

이름이 불리어질 때까지 동반한 가족과 이야기를 나누는 이, 아니면 앉아 있지 못하고 서성이는 이, 그러나 편안하게 앉아 있는 사람은 그리 많지는 않다. 조금씩 불안을 감추기는 하나 바장이는 마음을 끝내 숨기지는 못한다.

그러나 나는 워낙 오래 된 단골의 텃세인지 잘 기다린다. 진료실 앞에 "죄송합니다. 사정으로 인해 30분 이상 진료가 지연되고 있습니다."라고 쓴 전광판이 흘러가도 그만이다. 병원까지도 올 수 없는 사람들을 생각하면서 긴 의자에 앉아 '기다리는 사람들'이라는 풍경 속의 하나인 내가 얼마나 값져 보일까 하는 생각 때문이다.

이름이 불리어지고 진료실 안으로 들어섰다. 평온이 조금은 깨지는 것을 부인할 수 없었다. 심판대에 오른 죄수 같다고나 할까. 검사 결과를 시시콜콜 설명해 주던 의사가 마지막으로 선고를 했다. "아직은 괜찮습니다." 이 말 한 마디를 듣기 위해 내 힘은 그토록 소진되고 있었을까.

밖으로 나오니 앉아 있던 정적에 싸인 풍경 속의 사람들이 일제히 나를 쳐다보았다. 얼굴빛을, 입가를. 웃음을 머금은 얼굴이기를 비는 마음들이었다. 나는 손을 쳐들고 'V'자라도 보여 주고 싶었다. '힘내세요.' 웃음으로 그 자리를 떠나왔다.

병원 밖으로 나왔다. 할아버지는 그렇게 심한 말을 써 두어도 먹히지 않았는지 영 빈 지갑 같아 보였다. 집에 개미도, 바퀴벌레도 없지만 하나 사 볼까 생각하다 그냥 지나쳐왔다. 사 준다면 나란히 앉아 있는 할머니의 콩도, 아저씨의 바지도 사야 할 것 같았기 때문이었다. 그들이 꾸려가며 보여 준 '사람살이'의 풍경은 바로 아름다움이었다. 자연이 아무리 아름답다 하더라도 이 풍경을 능가하진 못하리라.

집으로 돌아왔다. 디스크로 바깥나들이를 멈추어 버린 언니가 부엌의 손바닥만 한 창으로 얼굴을 내밀고 영근 봄을, 구름 속에 점박이 같은 푸른 하늘을 바라보고 있었다. 언니는 거기에서 희망을 보고 있는 것 같았다. 계절을 보내고 맞이할 수 있다는 희망을. 가장 아름다운 풍경이 정작 거기에 있었다.

그날 저녁, 나는 하루를 살아낸 설렘을 또박또박 적었다. '살아있음은 신비다. 그러나 이 신비를 꾸려 나가는 사람들은 진정 더욱 신비로운 존재다.'

2010년 4월

사라의 추억

전리품이었다. 노획된 물건들을 거리는 껴안고 있었다. 뿌리째 뽑혀 나온 라일락은 덤에 불과했다. 슬레이트 지붕이며 유리창이며 방음을 위한 시설까지도 모두 거리로 내팽개쳐 있었다.

법원에 있는 우체국으로 친구에게 가을의 소식을 전하고자 가는 길이었다. 민원실이 내려앉아 버렸고 입구를 장식했던 아치형의 조랑박이며 수세미 덩굴이 처참한 몰골로 매달려 있었다. 〈폭풍의 언덕〉, '캐시'의 힘없는 손이 떠올랐다.

자연의 위력이었다. 속수무책에 불과한 것이었을까. 두 시간 동안의 수도권 강타.

일본에서 명명하여 '컴퍼스compass'에서 왔다는 '곤파스' 태풍. 두 시간 동안을 훼사 짓다 가버렸다. 인간의 오만을 꾸짖은 자연은 위대했다.

활활 타던 여름이라고만 생각했는데 가을이 오고 있었다. 떨어진 열두 개의 파란 감이며, 노란 은행들이 행인들의 발길에 밟혀 병든 여자의 구취 같은 악취를 풍기며 뒹굴고 있었다. 그 속을 헤집으며 태풍 '사라'를 생각했다.

추석이었다. 추석빔이 있을 리도 없었던 시절, '더도 말고 덜도 말고 한가위 같기만 해라.'는 어른들의 말이 있었지만 그 날은 달랐다. 아침부터 상륙한 태풍은 항구, 부산을 강타하고 말았다. 바닷물이 집채처럼 솟아오르더니 눈에 보이는 대로 너덜너덜 폐허로 만들어 버렸다. 삽시간이었다. 적산가옥이 대부분인 우리 동네는 기와가 날아다니기 시작했다. 산 위의 회사사장 집에서 키우는 두 마리의 불독이 비를 동반한 태풍 속에 머리를 내밀고 울부짖었고 그 으리으리한 집의 기와도 산 아래 낮은 곳에 자리한 우리 집 앞까지 우주선처럼 날아와 떨어졌다. 폭우를 동반했기에 골목길은 작은 개울이었다.

그러나 집안에서는 차례茶禮가 이루어졌고 설날은 아니어도 어른들로부터 용돈도 받았다. 용돈! 용돈이라는 낱말이라도 알고 있었을까. 손에 쥐어진 돈은 꽤 되었다. 그 돈을 내일까지 가지고 있다가는 꼭 없어질 것만 같았다. 누군가에게 빼앗길 지도 몰랐다. 병환으로, 명절차례로 이젠 자리보전까지 하게 된 어머니에게 마음이 약해져 드릴 지도 모를 일이었다.

나가야 했다. 그리도 사고 싶었던 파일럿 만년필을 사야 한다고 마음을 다졌다.

14K의 가느다란 펜촉이 빛나던 와인 색깔의 파일럿 만년필. 국어 선생님의 하얀 손가락 끝에서 반짝이던 그 만년필을 사야만 했다. 쏟아진 폭우로 광복동의 보석상이며 시계점, 만년필 상점 주인들은 지금쯤 물을 퍼내느라 명절이긴 해도 가게에 나와 있으리라는 것에 생각이 미쳤던 것이다. 그보다 훨씬 적은 비에도 역전이며 광복동, 동광동 가게들은 빗물에 잠기곤 했으니까.

힘없이 손을 내저으며 변을 당한다고 만류하는 어머니의 말을 귓전으로 넘기고 쫓기듯 나섰다. 마음이 급했다. 빨리 광복동으로 가야 한다. 그날 전차가 다니고 있었는지 멈추었는지는 기억에도 없다. 대신동에서 광복동까지 조금씩 가늘어지는 빗줄기를 어깨에 얹으며 걸었다는 사실밖에 기억할 수가 없다.

광복동은 처참했다. 떨어져 나가거나 덜렁거리는 간판이며 거미줄처럼 늘어진 전선들이 내려앉아 흉한 몰골을 하고 있었다. 가게마다 물을 퍼내고 있었고 떨어져 구겨진 간판들을 정리하고 있었다. 만년필 가게로 들어갔다. 생쥐 같은 내 모습에 주인은 의아한 듯 쳐다보기만 했다. 싸움터 같은 곳에 쬐끄만 계집애가 파일럿 만년필을 사러 왔으리라고는 감히 생각조차 못했을 것이다. 만년필을 사러 왔다고, 없으면 구해줘야 한다고까지 했다. 물론 국어 선생님의 만년필을 그대로 설명하면서.

두근거리는 가슴으로 얼마를 기다렸을까. 주인이 들고 나온 와인 빛깔의 14K 파일럿 만년필. 목이 메었다. 감사하다고 인사를 하고 나왔다. 그 뒤 주인이 싼 값으로 내게 주었음을 선생님을 통해 알게 되었다. 선생님은 똑 같은 만년필을 훨씬 비싼 값으로 구입했다는 것이었다.

그날 저녁은 잠을 이룰 수가 없었다. 태풍이 그리도 고맙게 느껴질 수가 없었다. '사라'는 내게 연인 같은 만년필을 선물한 것이었다. 그런 날이 아니었다면 민족의 명절날 손님을 기다릴 가게 주인이 어디에 있단 말인가. 또 용돈으로 받은 돈도 다음날까지 내 수중에 그대로 있으리라는 보장을 누가 할 수 있었단 말인가.

파일럿 만년필로 가장 먼저 노트를 장식한 것은 월북 작가로 알려진 조운曺雲시조시인의 작품이었다. 일제 치하 때 쓴 작품인데 그의 한恨과 나라사랑 마음이 배어있기에 아직도 기억할 수 있는 시조다. 선생님은 월북 작가로 알려진 작가들의 작품 중에서 순수문학의 작품들은 언젠가는 해금될 것이라며 내게 보여 주시곤 했다. 조운 시조시인도 1949년에 월북한 것으로 알려진 작가 중의 한 사람이었다. 그 뒤 선생님의 예측대로 그의 작품은 해금되었다.

선죽교

선죽교 선죽교러니 발 남짓한 돌다리야
실개천 여윈 물도 버들잎에 덮였고나
오백년 이 저 세월이 예서 지고 새다니

피니 돌무늬니 물어 무엇을 하자느냐
돌이 모래 되면 충신을 잊겠느냐
마음에 스며 든 피야 오백년만 가겠니

포은圃隱만한 의열義烈로서 흘린 피가 저럴진대
나 보기 전 일이야 내 모른다 하더라도
이마적 흘린 피들만 해도 발목지지 발목져.

나라를 사랑하는 불같은 마음과 항구 도시를 순식간에 삼킨 태풍을 어찌 비교할 수 있으랴마는 적어도 그날, 태풍이 휩쓴 거리로 나갔던 내가 가장 먼저 떠올린 것은 이 시조였다. 내가 충절의 의인이라도 된 기분이었는지 모른다. 그리고 영원히 그 만년필로 글을 쓰리라는 마음까지 다졌는지 모르겠다.

그 만년필은 27년간을 내 손에서 울고 웃는 나를 표현해 주기도, 병상일기를 쓰게도 했지만 시멘트 바닥에 떨어지자 14K의 단단함에도 불구하고 허망하게 촉을 쓰지 못하게 되었다.

해마다 가을로 접어들 때는 한 두 차례 태풍 세례를 받는다.

용케도 내가 사는 곳은 간접 피해밖에 없었으나 이번엔 직격탄을 맞은 셈이었다. 그러나 849명의 사망자를 낸 저 '사라'에 비한다면 그냥 지나가는 바람에 불과했다.

그날부터 지니게 된 파일럿 만년필로 자연의 위대함도 거대한 힘의 실체도 그려내질 못했다. 초심을 잃었던 탓이었을까. 삶이 자신에게 거짓말을 강요했던 것일까.

태풍이 마을을 할퀴고 지나간 날, 겸허하게 자연의 위대함에 감탄하며 설렘으로 거리로 뛰쳐나갔던 그날을 가슴에 되새기며 추억해 본다.

그래도 위대한 자연을 조율할 수 있는 유일한 존재는 인간이기에….

2010년 9월

학림의 가을

학림 다방 앞에 서는 순간, 어쩌자고 친구를 여기에서 만나자고 했을까, 나는 후회했다. 찻집 문에 씌어 있는 낯익은 'since 1956'이 나를 맞았지만 이 찻집은 내게 숱한 별리別離를 안겨 준 곳이기 때문이었다.

이 찻집을 알게 된 것은 대학교 1학년이던 가을이었다. 부산에 있는 내게, 교정의 마로니에잎이 지기 전 삐걱거리는 나무 계단이 있는 찻집에서 차를 나누고 싶다는, 절친한 친구의 부름을 받고 낯선 서울에 와서 주말을 보낸 적이 있었다. 그 당시만 해도 기차를 타고 서울로 오르내리는 것이 여간 힘든 일이 아니었지만 그게 바로 '젊음'이었던 것 같다. 그 이후 서울로 온 후엔 내 만남의 장소로 여기를 택했다. 많은 젊은이들이 꿈을 키우던 곳, 눈빛으로 사랑을 나누던 곳. 찻집 안은 LP판으로 듣는 클래식이 항상 흐르고 있었다.

그런데 내가 이 찻집을 좋아하는 걸 알게 된 친구나 후배들은 약속 장소를 여기로 정했다. 평소에도 이 찻집을 잘 이용했지만 떠날 땐 어김없이 여기였다. 그리고 내가 가장 아끼고 사랑했던 사람들과 헤어질 때는 모두 가을이었다. 내가 가을을 타는 것을 아는 이들은 그들을 내 가슴에 각인시켜 두고 떠나고 싶어서였을까.

첫 번째 별리는 후배 B가 안겨 주었다. 가난이 한이 되어 S대학 광산학과로 진학하더니 졸업 후 금을 캐는 것과는 아무런 상관이 없는 공부였다고 투덜거렸다. 좀 지나서는 세무공무원이 되어 내 앞에 나타났고, 마지막으로 만난 곳이 이 찻집이었다. "누나, 나, 떠나요. '지붕'을 '집웅'이라고 쓴다고 우기는 여자와 결혼해서 미국으로 이민가요." "매일 세금 고지서만 발부하는 삶이 싫어서 LA의 형님 세탁소에서 다시 시작할래요." 그렇게 담담히 얘기하고 떠난 것이 마지막이었다. 문학을 사랑하던 청년이 택했다는 그 길이 무척 큰 아픔으로 왔다. 그리고 인생의 요리사가 되겠다는, 알아듣기 힘든 말을 남기고 이민 가 버린 K며, 나를 살붙이 이상으로 사랑한다며, 언니라고 불러 주던 후배 S와의 결별도 여기에서 이루어졌다.

그들은 모두 '가을의 학림'을 사랑하는 사람들이었다. 지금 생각해 보면 그들은 진정 삶을 사랑했거나 아니면 꿈꾸는 로맨티스트였는지도 모르겠다. 그러나 내겐 모두 아리고 촉촉한 기억으로 남아 있다.

그런데 이렇게 이별의 아픔을 남겨 준 이 찻집에서, 폐암의 암 세포가 뇌로 전이되어 뇌의 MRI 사진을 찍고 나오는 친구를 여기에서 만나자고 했다. 찻집 안으로 들어서니, "여기" 하면서 친구는 나를 불렀다. 원래 남자처럼 호쾌했던 친구인지라 역시 큰 소리로. 아들딸을 모두 대동하고 나왔다. 그 남매는 서울에서 지내지만 친구의 집은 부산이기에 항암치료 기간이거나 이렇게 검사를 할 때에만 서울로 온다. 물론 병의 진행은 딸을 통해서 알곤 한다.

친구는 가을 옷이 아닌 추운 한겨울의 두둑한 옷을 입고 있었다. 추우냐고 묻는 내 말에 견딜 만하다고 대답했지만 싸늘한 바람이 온몸을 뚫으며 지나가는지 옷깃을 자주 여몄다. 아무 증세도 없는데 의사는 뇌의 항암 치료는 아플 거라고 했다며 대수롭지 않은 듯 이야기했다. 그리고 친구는 의연했다. 나를 이모라고 부르는 딸이 "이모, 저래도 엄마는 지금 떨고 있어요."라고 귓속말로 속삭인다. 가슴으로 찬물이 흘러내렸다.

그 순간 김훈 작가의 글이 떠올랐다. 뇌종양으로 죽은 친구를 생각하며 쓴 글이었다. '종양의 MRI 사진은 무서웠다. 반딧불 같은 종양의 불빛들이 깜박거렸다. 〈중략〉 생명 속에서 생명을 부정하고 생명에 반역하는 또 다른 생명이 서식하고 팽창한다. 이 반역은 생명 현상인 것이다.' 나도 알고 있다. 종양이 자라면 시각도, 청각도, 미각도, 그리고 후각도 서서히 사라질 것이라는 사실을. 그리고 의식조차도. 동병상련임을 친구는 알까.

호탕하게 이야기하고 있는 친구, 중학교, 고등학교를 졸업할 때까지 아주 가까이에서 무조건 내 편이 되어 주던 친구의 이야기를 들어주며 창밖으로 짙어가는 가을을 보고 있었다.

친구는 무척 건강한 몸을, 보이지 않는 손길이 잠깐 쉬게 하려고 작은 아픔을 주었음에 틀림없다고 단언했다. 그 말에 전적으로 동의한다고 했다. 너답게 훌훌 털고 일어나라고, 내 앞에 그렇게 오라고 말했다. 친구는 만일 오늘 이야기를 하지 못하면 영원히 하지 못할 것처럼 끝없이 이야기를 풀어놓았다. 안간힘을 쓰는 친구는 차츰 기력이 소진해가고 있었다. 가슴이 아파 먼저, 피곤해서 집에 가야겠다고 얘기했다. 친구에 대한 애정이며 우정이었다. 버티고 있지만 어찌 그 사정을 모르랴.

찻집엔 변함없이 나무 계단의 삐걱거리는 소리가 들렸고, 그래왔듯이 LP판으로 브루흐의 바이올린 협주곡 1번을 들려주고 있었다. 슬그머니 가서는 베토벤의 '전원 교향곡'을 역시 LP판으로 들려 달라고 부탁했다. 친구에게 평화롭고 희망적인 음악을 선사하고 싶었기 때문이었다.

'학림'이 긴 세월을 버텨왔듯 더 이상 여기에서 지인과의 결별은 없어야 한다. 더더구나 투병의 의지를 불태우고 있는 친구와의 영원한 이별은 내겐 형벌일 수밖에 없다. 솟구쳐 나오려는 물기를 모두 속으로 모아 들여 본다.

가을바람은 맑고 투명했다. 마로니에가 아닌 플라타너스 잎이 떨어져 칙칙하게 뒹굴고 있었다. 바람 속으로 나와서는 엄마를 잘 모시고 가라고 남매에게 일러주고 손을 흔들었다. 멀리 사라지는 세 사람을 바라보며, 건강한 엄마를 모시고 이 남매들이 다시 찾아오기를 고대하며 나도 모르게 손을 모았다.

친구를 만난 것은 또 다시 만날 날을 약속하기 위함이었고, 반백년이 넘는 세월을 거쳐 오면서 몇 번 주인이 바뀌고 문을 닫아야 할 위기도 있었으나, 슬기롭게 넘긴 이 찻집의 아름다움을 친구에게 소개하기 위함이었다고 스스로에게 일렀다.

더 이상 '학림'의 가을은 내게 별리로 남지 않을 것이다. 만남이며 해후로 내게 남으리라 믿는다. 걸음을 재촉하는 내 옆에 가을이 부지런히 동행하고 있었다.

2009년 11월

그들의 향연

볕살이 조금씩 두께를 더하고 있습니다. 베란다의 식구들은 빛나는 기억으로 모이게 된 날들을 되살립니다. 버려짐이란 무엇일까요. 어찌 보면 산다는 것 자체가 버리기도 하고 버려지기도 하는 것인지 모르겠습니다. 버려졌지만 텃밭 가꾸듯 자신을 건사하며 제법 긴 세월을 기진하지 않고 살아왔기에 나누는 이야기가 바람에라도 실려 갈까봐 소곤거리며 서로에게 악수를 청하고 축배를 듭니다.

이웃들은 봄이 오기가 무섭게 주섬주섬 화분을 들고 나옵니다. 겨울에 동상에 걸리거나 동사凍死한 객식구들이지요. 주인의 눈에 들어가 앉아 있던 날들은 그리 길지 않았습니다. 생성과 소멸을 세상살이의 진리라고 믿는 주인들은 겨울을 맞아 팍 고개 숙인 꽃나무들이 이제는 운명을 다했다고 생각하기 때문입니다.

아파트의 작은 공터엔 화분이 모입니다. 아파트를 거닐다 만나게 된, 말라가며 떨고 있는 가녀린 목숨은 아직 살아 있음이 분명했습니다. 돌아설 수가 없어 하나, 둘 주워서 왔습니다.

어디 그뿐이겠습니까? 계절을 훌훌 벗고 새롭게 단장할 때뿐만 아니라 집을 옮길 때에도 초라한 모습에는 등을 돌리고 모르는 체 슬그머니 손을 놓습니다. 글쎄요. 아쉬움이나 서운함이 있었을까요? 모두 무섭게 차에 오르지요. 안주인의 손에서 놀고 있는 애완견은 첫째 순위로 차에 오릅니다. 우스갯소리의 소재로 만인에게 회자되는 가장家長도 차에 오르는 선수가 되었답니다. 그러니 어쩔 수 없지요. 푸른빛을 잃고 부랑인 같은 몰골의 크고 작은 나무들은 병든 짐승처럼 처참하게 유기遺棄될 수밖에요.

그들이 모였습니다. 벌써 스무 해가 넘은 것도 있네요. 처음엔 데리고 온 것을 후회도 했답니다. 비실거리는 몸을 이태가 지나도록 추스르지 못하는 경우도 있었으니까요. 그러나 작은 불빛 같은 희망 하나에 기다림으로 버텼습니다.

남천나무에 새순이 돋아나기 시작하고 고개 숙인 베고니아가 서서히 몸을 가누기 시작했습니다. 마리안느의 풀죽은 잎새도 고개를 들기 시작했구요. 흔하디흔한 군자란은, 그래서 귀염 받지 못하기에 조금만 시원찮아도 버림받는 그들은 내 베란다에 와서는 실한 모습으로 놀러오는 사람들의 탄성을 자아내게 했습니다. 제비난은 길게 이곳저곳으로 뻗어갔습니다. 천량금은 푸른 잎을 자랑하긴 해도 꽃도 열매도 구경할 수가 없었습니다. 그러나 살아 있는 것만으로, 그것도 푸르게 살아 있는 것만으로 고맙고 대견했습니다. 잊을 뻔 했네요. 목도 한 번 축이지 못한 것 같던 게발톱선인장이 어느 해부터 매니큐어를 바른 듯 빨갛게 끝을 물들이더군요.

사람의 손에서, 마음에서 버려진 것만 갖다 키우는 내가 안쓰럽던지 친구가 사랑초와 괭이밥과 제비난도 하나 더 친구 삼으라고 갖다 주었답니다. 그런데 그들이 서로 만나 얼마나 즐겁게 낄낄거리며 잘 자라는지 확인도 하지 않고, 내게 허락도 받지 않고 친구는 어이없이 저 세상으로 가버렸습니다. 저 세상으로 간 지 벌써 나이테에 두 줄을 보태네요. 친구가 잠들어 있는 곳으로 가서 인사라도 하고 와야지, 세월이 흘러도 빚을 갚듯 나를 보살피던 그녀를 잊지 않으리라 생각하는 마음이 아직은 그대로네요. 그런 내 마음을 베란다의 식구들이 헤아렸는지 올핸 자기네들끼리 풍성한 축제를 벌였습니다. 카니발입니다.

남천나무가 잎잎이 춤추며 꽃을 피우고 열매를 맺는가 싶더니 가장 효자 노릇을 하는 군자란이 벌개진 얼굴을 부끄럼 없이 쳐들었습니다. 게발톱선인장은 꽃들이 산맥을 이루듯 피고 지고, 베고니아는 그 큰 키를 해바라기하러 창밖으로 내밀며 몇 달을 붉은 꽃으로 표지판처럼 서 있습니다. 제비난은 손톱

만한 흰 꽃을 꼬리마다 매달고, 저게 제 구실을 해 줄까하고 생각되던 천량금이 꽃을 피웠습니다. 마리안느는 무성해졌기에 맑은 공기 선사하라고 베란다에서 거실로 옮겨 두었더니 자꾸만 제 친구들 쪽으로 고개를 돌리네요. 그들의 향연, 그들의 즐거운 나눔의 시간인가 봅니다. 한 편의 교향곡을 듣는 듯합니다. 아니, 어우러진 합창입니다.

그들은 유기된 그날부터 하나의 공동체를 이루었고 아무도 파괴하지도, 범접하지도 못할 성을 쌓았답니다. 그리고 그 속에서 눈부신 망울을 맺었답니다. 작열하는 태양을 원하지도 않습니다. 빗금처럼 들어오는 따사로운 햇살에 춤을 추고, 힘내라는 말과 함께 적셔 주는 한 방울의 물도 웃음으로 받습니다. 너울집니다. 찢겼던 마음이 옮게 아물었습니다. 그 속에서는 아름다움이 피고지고 합니다.

외롬을 타는 나도 그들에게 힘입어 그 속에 한 송이 고운 꽃으로 서 있습니다. 맑아진 얼굴로.

2013년 3월

하얀 손

건강이 발목을 잡아 도리 없이 아파하던 그 해, 가끔 멀리서 낙엽처럼 날아드는 한 줄의 글귀에서조차 위로를 받고 싶었다. 초련初戀의 몸짓으로 하롱거리며 내려오는 잎들도 인연처럼 부딪는 손 놓지 못해 서러워하는 가을이었다.

사람이야 오죽 하랴. 그러나 이별하기 위해 만난 사람들처럼 가을엔 어김없이 하나 둘 떠나가곤 했다. 사람을 만나는 것조차 두려울 만큼. 흔히 말하는 결실의 계절이라든가 수확의 계절과는 거리가 멀었다. 아픔이었으며 별리였다.

그러던 어느 어스름, 까까머리 소년이던 제자가 나를 찾아왔다. 졸업 이후에도 자주 들르며 일상을 전해 주기도, 나를 도와주기도 하던 그였다. 그러한 그도 시간의 흐름에 반비례하듯 나를 찾아오는 횟수가 줄어들어 아주 뜸해져 있었는데 가을의 엽서처럼 찾아온 것이었다.

"파트너가 되어 주실래요?"

가을축제에의 초대였다. 미소년이던 그는 청년이 되어 내 앞에 그렇게 서 있었다. 우선 가는귀가 먹었을까 믿기지 않아 그를 쳐다보기만 했던 것 같다. 아니, 설렘으로 감정은 온통 뒤죽박죽이었지 싶다. 첫사랑의 기분이 이런 것일까. 제대로 첫사랑이라는 말조차 붙일 수 없게 퍽퍽하게 살아온 탓인지 그 말 한 마디는 연분홍 연서 같았다. 말없이 그가 내민 손 위에 떨리는 내 손을 포개었다. 온통 세상이 붉게 물들어가는 시월이었다.

그러나 다음날부터 걱정이었다. 내가 단발머리 나풀거리는 소녀이고 싶었던 때가 있었다면 그때였으리라. 그리고 살아오면서 그 흔한 학교축제에 참석해 보지 않았던, 외곬의 내 젊음에 대해서도 후회하고 있었다. 거절했어야 하는 것일까 생각하며, '아냐, 잘 한 거야', '거절해야 해'를 거듭하면서 드디어 그날을 맞고 말았다.

홍릉의 가을은 생각보다 깊었다. 골짜기 물소리처럼 싸늘했다. 멋을 좀 부리느라 옷을 얇게 입었을까, 소름처럼 지나가던 바람의 입맞춤을 잊을 수가 없다. 들어서자 철없이 옷을 벗기 시작한 은행나무들이 속 모르고 반겼다. 약간 경사진 길을 임신으로 숨찬 걸음 내딛는 아내와 팔짱을 낀 나이든 학생이 오히려 좋아보였다. 나도 팔짱을 끼었을까? 기억할 수가 없다.

1부는 강당에서 이루어졌는데 축제의 단골메뉴라고 하는 넌센스퀴즈가 먼저 선을 보였다. 고지식한 나에겐 넌센스퀴즈는 절벽이었다. 단지 팔딱이는 마음을 내려놓고 축제를 익히고 있었다. 다양한 게임들이 있었던 것 같다. 입담 좋은 개그맨의 진행으로 점점 실내는 더워지고 열기는 무르익었다. 그러나 지금도 기억할 수 없는 것은 그 축제의 끝이다. 그를 남겨 놓고 먼저 왔을까. 그날의 몽환적인 시간들은 저장되어 있지 않다. 단지 머리에 생생하게 남아 있는 것은 그가 내민 하얀 손이었다. 단 한 번 내게 있었던 가을축제는 안개로 남아 있다. 그야말로 말을 잃은, '안개 낀 밤의 데이트'였다.

가을축제! 어느 계절인들 축제가 없으랴. 그러나 빈 들을 채우는 바람소리 같은 가을축제는 쇠락해가는 가을의 뭇자리에 정갈하고 신선한 물을 붓는 예식이라고 생각하기로 했다. 그보다 더 따스하게 가슴을 데워주는 축제가 있을까. 내가 누렸던 그날의 수줍고 설레는 축제의 시간은 가난한 삶에 덤으로 보태 준 가을의 선물이었다.

축제 이후 그는 발걸음이 더 뜸했다. 지금도 알 수 없는 것은 그때까지는 여자 친구가 없었던 것인지 아니면 아픈 나를 위로하기 위함이었는지 헤아릴 수가 없다. 궁금했지만 나를 파트너로 초대한 이유를 물어볼 수는 없었다. 돌아올 대답이 무서웠고 나를 기분 좋게 하느라 서툰 거짓말을 지어내게 하고 싶지도 않았기 때문이었다. 단지 홍릉의 가을은, 보도에 떨구어진 노란 은행잎으로 눈 시리던 영화, '뉴욕의 가을'보다 더 벅찬 정경이었고, 나는 그에게 '고맙다'는 인사를 뇌이고 있었다.

몇 번의 가을이 지나고 나서 그는 축제의 파트너가 아닌 인생의 반려자로서의 파트너를 만나 떠났다. 들꽃이 말라가며 풍기는 그런 내음을 가슴에 심어주고. 정작 떠나는 사람은 연중행사의 하나일 뿐인 축제에 의미를 두지는 않는 것 같았다. 그러나 젊은 날의 편린으로 기억되겠지.

가을나이조차 지난 지금, 초대의 이유가 위로였는지 자신의 사정 때문이었는지는 알 수 없지만 그 순간을 생각하면 지금도 가슴이 뛴다. 마음자리 한 모퉁이에 첫사랑 같은 설렘을 심어 놓았나 보다.

속절없이 와 버린 가을에 지금도 그 길이 그리워 홍릉의 수목원으로 향한다, 제 몸을 말리는 플라타너스 잎새들이 변해버린 건물들을 옹위하듯 버티고 섰다. 어디선가 '파트너가 되어 주실래요?' 라는 소리가 들려올 것만 같아 두리번거린다. 아, 참 그도 이젠 산다는 것 자체가 축제임을 깨달을 수 있는 나이가 되었겠구나.

그날의 축제는 영원히 감추어 두고 싶은 '하얀 손'의 추억이다.

2015년 10월

수렛골로 띄우는 편지

복사꽃이 눈시울이 붉도록 떨어진다며 초대해 주던 때가 4월 끝자락이었습니다. 전자메일로 온 초대장에는 이형기 시인의 '낙화'가 모니터 위에서 하롱거리며 꽃잎처럼 내려오고 있었습니다. 그런데 그 봄도, 열사熱砂의 여름도, 돌아가는 가을도 저물어 버린 날에야 수렛골을 찾아가게 되었군요.

처음 만남이었습니다. 서로의 작품집을 답신처럼 주고받은 후 먼저 길을 튼 것은 저였습니다. 산자락에 하나의 풍경이 되기를 원하는 당신 곁에 또 하나의 풍경으로 서 있고 싶은 까닭이었을까요?

며칠 전 목소리라도 먼저 듣자며 전선을 타고 온 울림은 소녀더군요. 쬐끄만 산골 노인이다, 편한 신발 신어라, 너무 고운 옷 입지마라며 서울은 울렁증 나는 곳이라고, 서울에서 내려가는 제게 귀띔하듯 얘기했지요.

수묵화 같은 옷밖에 없는, 이미 무릎은 제 기능을 잃어 편한 신발 중에서도 무릎 보호의 깔창까지 하고 다니는 제게는 슬픈 요구였습니다. 더구나 사람 사귐에는 영 시원찮은 제가 이런 나들이를 하겠다고 생각한 것부터가 놀라운데 말입니다. 외출할 때 편하게 입는 옷에다 늘 신는 신발 그대로 떠나기로 한 뒤였습니다.

부담 없는 선물을 생각했습니다. 겨우 생각한 것이 김 한 톳, '매일미사' 책 덧씌우는 표지, 어둔 눈 밝혀 만든 팔찌 묵주가 전부였습니다. 그것이 제 한계이기도 하니까요. 그리고는 바랑 같은 큰 가방에 카메라 한 대도 함께 넣고 떠났습니다. 아니, 만난다는 설렘을 가방 가득 담았습니다.

마중 나온 마을머리에서 우린 만났지요, 한눈에 알아보며. 고운 모습이 제게 오더군요. 반갑다며 서로 포옹했을 때 그 따뜻함이라뇨. 제가 생각했던 그대로였습니다. 바람을 가르며 수렛골에 도착했을 때 집을 지키던 두 마리 개는 손님이 왔음을 동네에 방송이라도 하듯 한참을 짖어댔습니다. 차려진 아침 밥상은 정갈했고 자연이 그대로 숨 쉬고 있었습니다. 단지 자연의 순리만 믿고 사는 저를 위해 차려진 밥상이었습니다. 한 그릇이면 하루가 족한 제가 세 끼의 분량을 한 번에 먹어 치우고도 몸은 가볍기만 했습니다.

그런 후, 산을 한 바퀴 돌자며 대나무 지팡이를 손에 쥐어

주었을 때의 감촉까지도 저는 기억하게 되네요. 산은 겨울이었습니다. 털을 가는 짐승처럼 소나무며 잣나무 잎새들이 떨어져 갈색 융단을 만들어 놓고 영접하고 있었습니다. 작은 짐승들이 전초병처럼 지나간 흔적이 곳곳에 남아 있었습니다.

아, 우리들의 합일점이 거기에 있었습니다. 하늘에 닿아 있는 듯한 소나무였습니다. 잘 생긴 리기다소나무였습니다. 어쩌면 그리도 잘 빠졌던지. 거기에 등을 대고, 그리고 가슴을 대고 우린 심장을 쏟아내듯 소리를 질렀습니다. 어느 남정네가 이렇게 따뜻하게 보듬어 줄 수 있느냐고. 이렇게 눈물 나게 따순 입김으로 위로해 줄 수 있느냐고. 자연이 주는 위안을 둘 다 잘 알고 있기에 이런 만남이 이루어졌음을 그때서야 알게 되었습니다.

그렇습니다. 밤마다 한 송이 들꽃이 되기를, 들꽃 위에 내려앉는 이슬이 되기를 갈망하는 제가, 드러누운 솔가리 속에 숨쉬고 있는 들꽃을 보며 얼마나 기특해 했는데요. 봄이 오면 그놈들이 비비대며 올라오는 모습을 보러 다시 수렛골을 찾을지도 모르겠습니다. 자연에 비하면 한낱 점에 불과한 우리들은 이미 산 속 풍경에 점 둘을 보태었지요.

청량한 공기를 한껏 마신 후 군불 땐 방에서 목젖으로 넘긴 목련차의 은은한 향이 제 방까지 따라왔습니다. 뜨끈하게 등을 지지고 하룻밤 묵고 가라고 했지요. 그러나 일상사의 자잘한 일들에 묶여 있는 저는 활활 타오를 군불도, 진액의 우정도

외면한 채 돌아올 수밖에 없었습니다. 아쉬워하는 저를 찻잔 속에 빠졌던 풍경소리가 따라와서 귓가에서 댕그랑거리고 있습니다. 수채화 같은 필름들입니다.

문학의 힘이, 글의 힘이 더할 수 없는 힘을 가지고 있지만 그것보다 더 큰 힘은 서로의 살갗 비빔임을 알았습니다. 당신의 진정어린 글보다 앙상하나 강단 있는 손에서 느껴지던 따뜻한 삶이었습니다.

그런 당신이기에 서울나들이를 한다면 살갑게 집으로 초대해서 "먹고 가라, 묵고 가라"는 해야 하지만 그 소리를 목구멍 밖으로 쏟기는 어렵답니다. 손바닥만한 방에 둘러싸인 책장이며 작은 오디오, 컴퓨터, 옷 나부랭이를 넣는 옷장 하나, 보관하기도 힘들어 온종일 방바닥을 지키는 이부자리를 제한 나머지 공간이 제가 누울 수 있는 자리이니. 묵었다 가라면 빈말이지요. 그러나 그 방도 마다않는다면, 제 잠버릇도 용서한다면 도회의 밤을 함께 누릴 것입니다.

수채화 같은 수렛골에서의 호사스러웠던 하루를 잊지 못합니다. 막대 지팡이를 건넬 때의 체온도, 떨림도. 환하게 웃는 모습이 고운 사람으로 기억할 것입니다. 헤어질 때 건네준 사과 상자에 담긴 따뜻한 마음도 가슴에 품을게요. 공유했던 하루는 '사철 발 벗은 아내'같은 그 모습 그대로를 사랑하는 우리들이 꾸린 시간이었습니다. 아픔 같은 것은 젖혀 두고 모른 체 했지요.

댓잎의 노래가 서재 밖에서 서성이고 솔향이 스며드는 저물녘이면 울렁증 일으키는 서울 하늘 아래의 저를 떠올려 주시겠습니까. 무사히 하루의 막을 내렸음에 감사드리는 저를 헤아려 주시겠습니까. 당신을 초대하지 못하는 아픈 마음까지도.

평안하소서.

2012년 1월

죽비 소리

– 법정 스님께

스님의 생활이 담긴 '법정 스님의 의자'라는 영화는 송광사에서 거행된 다비식으로 시작되었습니다. 즐겨 입으시던 가사袈裟 덮인 법체가 장작 속에서 이승과의 마지막 결별을 고하며 이글거리는 불꽃 속에서 '타닥타닥' 소리를 내더군요. 그 소리는 죽비가 되어 '맑고 향기롭게!' 하면서 가슴을 치는 소리로 들렸습니다.

30년 전에 쓴 〈미리 쓰는 유서〉에서 '평소의 식탁처럼 나는 간단명료한 것을 따르고자 한다. 내게 무덤이라도 있게 된다면 그 차가운 빗돌 대신 어느 여름 날 아침에 좋아하게 된 양귀비꽃이나 모란을 심어 달라고 하겠지만 무덤도 없을 테니 그런 수고는 끼치지 않을 것이다.' 라고 하던 정갈한 모습 그대로더군요. 무소유無所有로 살다 의자 하나 내어 주고 무소유로 떠난 스님의 생애 그대로였습니다.

홀어머니의 외아들이었으나 숙부와 사촌 동생에게 어머니를 부탁하고, 통영의 미래사彌來寺로 들어가 아집과 교만, 그리고 세속과의 인연을 끊었던 때가 대학 3학년 때더군요. 스님, 스승인 효봉 스님과 어찌 그리 같은 분이었습니까. 일본의 와세다대학 법학부를 졸업하고 조선인 최초의 판사가 되었던 분, 판사 10년에 민족투사에게 사형선고를 내릴 수밖에 없게 되자 허망한 삶에 회의를 느껴 출가한 분, 그리고 3년간 엿장수를 하며 전국을 방랑하다 금강산 신계사로 들어가 삭발한 분. 이런 분과 인연이 맺어졌으니 어찌 영향을 받지 않았겠습니까.

참나무 장작개비로 손수 만든 의자며 〈1967. 12. 3〉이라는 날짜가 새겨진 놋대야, 빨랫줄에 걸려 있던 빛바랜 옷들은 청빈으로 인도했던 효봉 스님의 가르침 그대로였습니다. 공양 시간에 늦었다고 호되게 야단을 듣고 참회하는 마음으로 마당을 쓸고 들어왔을 때 엄하기만 한 스승은 말없이 국수 한 그릇을 건네더군요. 스승의 깊은 배려가 가슴에 차올랐겠지요. 그러기에 불가에서는 국수를 스님의 미소, 승소僧笑라고 하나 봅니다. 도를 깨치지 못한 자신이 어떻게 제자를 받아들일 수 있겠느냐 하시더니 쉰셋이 되어서야 제자를 받아들였으니 그 깐깐함도 청빈에서 온 것인지요? 그리고 제자들에겐 중이 출가할 때보다 체중이 더 나가면 공양한 돈을 헤프게, 또 배불리

먹은 결과라며 경계하게 하던 모습은 바로 그 스승에 그 제자였습니다.

스님은 버리기와 나눔을 그대로 실천한 분이었습니다. 얻었으면 주어야 한다고 불자들에게 이야기하며 기도의 공덕을 모든 사람들에게 돌려야 한다는 회향廻向의 정신을 강조하더군요. 그때 가톨릭 신자인 저는 나눔이란 주고받음이 아니라 타인에게 돌려주는 가톨릭 정신과도 일맥상통할 뿐 아니라 사람살이의 정도正道임을 느꼈답니다. 가치 있는 삶이란 욕망을 채우는 삶이 아니라 의미를 채우는 삶이라고 버리는 삶을 강조하더군요. 그러나 단지 버릴 수 없는 것은 아름다움을 추구하는 마음이라고 하셨습니다. 아름다움이란 가장 단순하고 절제된 것이기에 버릴 수 없다고 하셨습니다. 그 이유에 제 마음이 떨리더군요.

또한 나눔을 곳곳에서 연꽃처럼 피워내더군요. 책을 낸 후에는 어찌나 인세를 독촉하던지 샘터사 김성구사장은 '중이 뭐 저리 돈을 밝히나'라고 생각했는데 나중에 알고 보니 가난한 대학생들의 등록금을 기한 내에 내기 위함이더라고 웃으며 술회했습니다.

스님, 유년을 한집에서 같은 방을 쓰며 친형제처럼 지내던 사촌동생, 수광壽光 박성직 선생을 아시지요? 스님이 출가한 뒤 청년시절을 많이 방황했다고 했습니다. 그때 스님이 15년 동안(1955-1970)이나 격려의 편지를 보내 주었기에 그것이 위안이었고 희망이 되어 마음을 다스릴 수 있었다고 했습니다. 그러기에 자신처럼 방황하는 젊은이들에게 물려주고 싶어 그 편지글을 엮어 '마음하는 아우야'라는 책으로 펴냈다고 했습니다. 그러나 속가의 인척들에게는 더할 수 없이 차고 인색했다고 회고했습니다. 그만큼 스스로에게도 혹독하게 속세와 인연을 끊기 위함이었다고 덧붙이더군요.

그런데도 도道의 길에 이르지 못했다는 생각이 들던가요? 1975년부터 18년 간 거처하던 송광사 뒷산의 불임암을 홀연히 떠나 강원도 오대산 산골로 들어가셨으니... 거처하던 화전민터 산자락의 오두막 '수류산방水流山房'에는 '나 있다'라는 표지와 해우소에는 '기도하기'라는 글자가 씌어 있어 스님이 철저히 혼자였음을 알 수 있었습니다. 화면에 흘러내리던,

"……소리에 놀라지 않는 사자와 같이
진흙에 물들지 않는 연꽃과 같이
그물에 걸리지 않는 바람과 같이
무소의 뿔처럼 혼자서 가라……."

는 '숫타니파타에서'에서 인용된 글처럼.

스님, 죽음을 예감하고 계셨죠? 폐암으로 고통스러워하면서도 밤의 고요를 즐길 수 있게 해 준 기침에 감사하고 계시더군요. 깨어 있되 드러나지 않기를 바라던 스님, 세상에 진 말빚을

갖고 가지 못함이 그리도 안타깝던가요? 전설처럼 내려오는 고승들의 죽음인 천화遷化를 생각하셨기에 산으로 들어가신 것은 아니었겠죠? 아무도 다니지 않는 산속으로 정처 없이 들어가다 힘이 다하여 죽음 직전에 이르면 나뭇잎 긁어 자리 만들고 한 자락 이불처럼 덮고 하직하는 죽음을요. 스님의 성품으로 볼 때 누구에게도 폐를 끼치지 않고 한 줌 흙이 되기를 바라셨겠죠.

스님, 2009년 시주 받아 닦아 놓은 길상사 봄 법회에서 "봄날은 갑니다. 다하지 못한 말, 새로 돋아나는 잎과 꽃의 침묵의 언어로부터 들어주기 바랍니다"라고 끝을 맺어 자연이 주는 섭리를 터득해야 함을 은연중에 알려 주시더군요.

책과 한 모금의 차, 트랜지스터라디오, 작은 채마밭만을 남기고 '중답게'살다가 세상을 떠났다고 많은 사람들이 회고했습니다. 올곧게 사셨다는 말이겠지요. 모두를 버렸기에 가벼운 마음으로 떠나가신 스님, 매화꽃 아래 스님의 첫 작품인 의자만이 꽃비를 맞고 있었습니다. '답게 산다'는 말이 얼마나 어려운 과제인가를 생각합니다. 스님의 생활이, 주옥같은 글과 말씀이 죽비가 되어 따갑게 가슴을 칩니다. 인간답게 살아야 한다고….

2012년 9월

4부

외로움 낚기

가을 하늘에 뜬 구름처럼 문득 외로워질 때가 있다. 허허로워질 때가 있다. 비가 잠깐 숨을 고르고 있는 사이임을 알면서도 우산도 없이 집을 나섰다. 종로 3가에서 청계천변으로 가서는 풍물시장까지 걸어가리라 작정하며 나선 것이다.

물이 불어 있었다. 징검다리가 있는 곳엔 돌 사이로 흐르는 물소리가 낭랑하다.

그러나 질펀한 곳으로 오면 소리를 내지 않고 물은 담담하게 흘러간다. 노년기의 사람 같다. 포용이 아니라 체념이다. 아니, 체념이 아니라 순응이다.

하루의 고단함을 내려놓은 채 물에 발을 담그고, 둘 셋씩 짝을 지어 여유롭게 음식을 먹는 사람들이 눈에 띈다. 그들은 물속에다 시름을 부려 놓고 가려나 보다. 잠자리가 눈앞을 가릴 만큼 많다. 내 앞을 걸어오던 여학생이 짜증스럽게 손을 내저으며 잠자리를 쫓는다. 소용이 없다. 나를 피하지 못한 놈이 얼굴에 부딪혔다가 달아난다. 개쑥부장이가 철 이르게 피어 있다. 속절없는 자연의 섭리다. 제법 자란 치어稚魚들이 모양을 갖추었다. 버들치, 메기, 미꾸리, 아! 잉어도 있다. 비 온 뒤라 그런가. 셀 수 없이 많은 치어들이 수초 사이로 숨바꼭질을 하고 있다. 쇠오리 한 마리가 물 위에서 걸음을 걷는다. '외롭겠다!' 힐끗 쳐다보며 걸어가던 어떤 젊은이가 혼잣말을 던지고 간다. 그렇다. 그러나 그 쇠오리가 그런 게 아니라 내가 그렇다. 이 젊은이가 나를 보고 한 소리는 아니었을까.

청계 9가. 황학교가 보인다. 지난번에 헤매었을 때 잘 보아두었던 표지다. 여기서 그리 멀지 않은 곳에 내 꿈의 동산인 풍물 시장이 있다. 풍물 시장에 있는 물건들은 낡은 것도 새것이요, 새것도 새것이다. 반질반질 손질된 것들이 데리고 가 줄 주인을 기다리며 해바라기 하듯 목을 빼고 있다.

초록동으로 들어선다. 골동품 종류가 있는 곳이다. 유성기가 있고, 도자기들이 즐비하다. 한참을 누비다 등잔을 발견했다. 석유를 넣고 심지를 돋우는 옛날의 등잔이다. 내 유년이 생각나서 에누리 끝에 7천원을 주고 산다.

참 오랜만이다. 실타래 같이 풀리는 어린 시절, 등피를 닦는 일은 내 몫이었다. 내 손이 가장 작기 때문에 그 속에 손을 넣어 닦을 수 있기 때문이었다. 내가 자라 중학생이 되고, 그 속에 손이 들어가지 않아 젓가락 끝에 작은 수건을 둘둘 말아 그을음을 닦아 내어야 할 때도 그것은 내 몫이었다. 조금이라도 밝게 지내려면 학교에서 돌아와서 해야 할 일의 첫 번째가 등피를 닦는 일이었다. 심지를 더 돋울 수도 있지만 그러면 석유가 더 많이 든다고 어머니께서는 허락하지 않으셨다. 물론 그을음도 더 많이 생겼다. 등피를 깨버려 어머니께 야단도 많이 맞았지만 그건 순전히 어머니의 잘못이라 생각했다. 그 얇은 유리의 그을음을 말끔히 닦아내는 일은 정말 어려운 일이었기 때문이다.

밤이 되면 어머니와 나는 하나의 등잔을 두고 나는 책상 대신 밥상에 앉아 공부를, 어머니는 재봉틀일을 하셨다. 일을 하시는 어머니가 어두울세라 어머니 쪽으로 밀어 두면 모르는 사이에 내 쪽으로 등잔은 와 있었다. 생계를 책임지고 일터에서 하루를 보내신 어머니는 밤엔 밤대로 또 일을 하셨다. 등잔이 왔다 갔다 하면서 우린 밤을 새우기도 했다. 그렇게 든든할 수가 없었다. 어머니가 곁에 있다는 그 사실이. 어머니는 내게 항상 태산이었다.

어쩌다 달달거리며 돌아가는 재봉틀 소리에 잠이 들기도 했다. 거뜬히 나를 안아 편하게 자리에 눕혀 줄 때 잠결이지만 느껴지던 어머니의 숨결이 등잔불에 팔랑이기도 했다. 어머니께서 병마 앞에 그리 힘없이 손을 들어 버렸을 때에야 어머니의 몸집이 한 줌밖에 안 됨을 처음으로 알았다.

그런 어머니에 대한 그리움이 나를 쫓아내듯 오늘 이리로 오게 한 것은 아니었을까. 오전 내내 마음 바장이며 아무것도 할 수 없었던 나는 등잔 하나로 가벼워질 수가 있었다. 어머니의 사랑이, 아니 어머니에 대한 내 그리움이 풍물 시장에 놓여 있었던 것이다.

풍물 시장에 올 때마다 그냥 가는 일이 없다. 낚시질을 하듯 하나씩 낚는다. 오늘은 어머니의 사랑을 낚아서 간다. 나의 외로움도 어머니의 사랑에 매달아 간다.

2009년 8월

눈 내린 자작나무 숲에서

큰눈이 내릴 것이라는 웅성거림이 밤 내내 모니터를 흘러내렸고 하늘은 이미 조짐을 보였다. 배낭을 쌌다. 속리산으로 가려던 계획이 태백으로 바뀌었다는 메시지가 떴다.

태백은 탄광이 문을 닫은 후 광부들이 뿔뿔이 흩어져 폐광촌이 되어 버린 곳이 많지만, 자연은 그 모습 그대로 그 자리에 있다. 아니, 제 모습으로 살아내고 있었다. 그러기에 야생화가 지천인 봄으로부터 가을까지, 마른 들꽃이 뿜어내는 짙은 향내의 늦가을에서 눈꽃이 매달린 겨울까지 태백의 사계四季는 어느 계절 하나 빼놓을 수 없을 만큼 우리를 매료시킨다.

그곳에 눈꽃이 피기는 이번 겨울만한 때가 없었다. 여러 번 갔지만 겨울새의 날갯짓 하나에도 눈은 사라지곤 했다. 설경을 보기로 결정한 것은 동아리를 책임진 이 선생이었다. 역사

탐방이거나, 자연이 그리워 떠나는 모임의 특성에 어울리는 결정이었다. 그러나 내가 여기에 합류하게 된 것은 태백의 자작나무숲에 눈이 내리면 더할 수 없이 아름답다는 이야기를 산사람들로부터 들은 적이 있었기 때문이었다. 거기에 가면 늘 그리워하는 자작나무숲이 하얀 이불을 뒤집어쓰고 있는 모양을 볼 것이며, 그것을 고스란히 카메라에 담아 올 수 있으리라는 생각도 한 몫을 했다.

자명종의 울림이 없어도 아침은 회색으로 왔다. 눈발이 차츰 굵어지고 바람이 소리를 내고 있었다. 대설주의보가 내린 태백이다. 눈, 기다리던 태백의 눈이다. 그러나 그 기다리던 눈발의 태백을 찾아가지만 항상 동행하던 친구가 곁에 없음이 마음을 무겁게 했다. 30년 지기의 동료이자 피붙이 같은 친구가 지금은 내 곁에 없다.

자리가 정해지고 버스는 정선의 백운산 화절령花折嶺으로 향한다. 화절령은 정선군 고환읍과 영월군 상동읍을 잇는 고갯길이다. 산골 아낙들이 꽃을 꺾으며 고개를 넘었다고 해서 화절령이다. 꽃꺾이재다. 그만큼 들꽃이 많은 곳이다. 여인들의 가슴을 설레게 하며, 가을까지 그 자태를 자랑하던 꽃들은 지고 그 꽃꺾이재에 눈이 내렸단다. 눈 내린 꽃꺾이재를 우린 찾아간다. 옛날 탄광이 있던 곳에는 이제 하이원 리조트가 화절령 고갯길에 트래킹 코스를 닦아 놓았기에 우선 리조트로 갔다. 그러나 우리들이 도착했을 때는 쉼 없이 눈이 내리고 바람이 불어 걷기는 고사하고 곤돌라를 타고 정상에 올라가 볼 수도 없었다. 야생화가 만발했던 트레킹 코스를 10여 분쯤 걷다 멈추어야만 했다.

들꽃 대신 눈부시게 흰 눈이 쌓이고 그 위로 계속해서 눈이 내리고 있었다. 그 눈 속에서 친구의 얼굴을 보았다. 지난 늦여름에 들렀을 때만 해도 들꽃들을 가리키며 설명해 주던, 친구의 손끝을 느끼고 있었다. 일월비비추, 산층층이꽃, 이질풀꽃, 짚신나물꽃... 이름을 외우느라 정신없는 내게, 사진이 멋지게 나올 텐데 왜 찍지 않느냐고 채근하던 친구에 대한 그리움으로 눈 내리는 하늘에 앵글을 맞추었다.

몰아치는 눈보라로 트레킹을 계속할 수 없어 우리를 인솔한 이 선생은 삼수령三水嶺쪽으로 가서 자작나무들 위에 바람소리와 함께 내려앉는 눈을 보자고 했다. 삼수령은 고개를 중심으로 낙동강, 한강, 오십천, 이렇게 세 개의 강으로 나누어진다고 해서 붙여진 이름이란다. 삼수령 고개를 다 넘을 수는 없지만 가능한 곳까지 가기로 했다. 다리에는 눈에 젖지 않게 스패츠를 끼웠고, 스틱을 짚고 산으로 올랐다. 무릎 아랜 모두 눈이었다. 산에 오르기를 포기한 사람들을 버스에 남겨둔 채. 돌아다보니 그들은 줄지어 내리는 나비들의 춤을 바라보고 있었다.

자작나무 숲이었다. 그리움이 눈이 되어 허옇게 벗겨진 몸뚱이에 사정없이 내리치고 있었다. 이렇게 눈을 맞고 있는 자작나무숲을 보기는 처음이었다.

북구를 여행할 때 보았던 여름의 자작나무는 온종일 바람소리를 냈다. 잎사귀들이 반가운 인연으로 서로 마주치던 모습까지도 가슴에 남았다. 돌아와서도 밤마다 내 창을 두들기는 것 같아 그 숲 이야기를 친구에게 들려주기도 했다. 친구는 자작나무가 한 그루만 있는 곳이라도 함께 가 주었고, 심지어 찻집 이름이 '자작나무'인 집은 어렵사리 찾아 함께 차를 마셨다. 친구는 전생에 내게 빚을 진 빚쟁이었던 사람처럼 내가 좋아하는 자작나무를 찾아내곤 했다. 나는 자작나무에 빠져 있었고 친구는 자작나무를 찾는데 온 힘을 다해 주었다.

그 자작나무들이 고스란히 눈을 맞고 있었다. 친구가 나를 위해 찾아다니던 자작나무가 군락을 이루어 더욱 늠름하고 의연하게 내 앞에서 눈을 맞으며 서 있었다. 축축 처진 가지 위에 내려 주는 대로 고스란히 받아 안고 있었다. 바람이 불면 부는 대로, 눈이 내리면 내리는 대로. 자작나무는 순명하고 있었다. 순명, 그 때문에 자작나무는 건강하고 죽어서도 그 껍질이 썩지 않고, 유장한 세월에도 그대로 있나 보다.

그런 자작나무는 어느 한 조각 버릴 것이 없다. 해인사의 팔만대장경의 목판의 일부분으로 쓰였다는 설도 있을 만큼 그 껍질이 변하지 않는다는 사실은 널리 알려져 있지만 어디 그뿐인가. 약재로, 목재로 쓰이다가 마지막 목숨을 태우는 벽난로 속에서도 밤이 새도록 꺼지지 않는 불길로 밤을 지킨다. 물에 젖을수록 활활 타올라 밤을 밝힘도 그의 미덕이다.

그런 아름다움이, 그런 헌신이, 순명이 친구와 같아 나는 자작나무를 그리도 못 잊어하나 보다. 친구는 병마와 싸우는 나를 그렇게 챙기더니 나보다 먼저 순명하듯 이 세상과 결별했다. '우지끈', 어디에서 소나무 가지 부러지는 소리가 났다.

눈은 자작나무 위에 쌓이고 한 번씩 바람에 고개를 흔들듯 가지가 출렁댔다. 친구가 이 광경을 보았다면 내게 무슨 말을 했을까. 분명히 눈 내린 자작나무를 카메라에 담고 글을 쓰라고 했으리라. 혼자라도 열심히 다니며 이곳저곳을 글로 남기라고 했으리라. 하찮은 솜씨지만 이미 내게 주어진 몫임을 가슴에 새긴다.

'당신을 기다립니다.' 하염없이 내리는 눈 속에서 자작나무의 꽃말이 하롱거린다.

2010년 1월

희망의 불씨

피를 토하듯 울어대던 매미의 울음소리가 잦아지자 코스모스가 기다렸다는 듯이 피어난다. 그리움으로 발돋움하며 하늘거리는 모습은 청초하다 못해 애수 그대로이다.

학창 시절, 질감 좋은 모직의 감색 교복을 입고 고운 머릿결을 갈래로 묶은 친구가 있었다. 내가 좋아하는 코스모스의 이미지를 빼닮은 이 친구는 모딜리아니의 그림을 연상 시킬 만큼 처연하기까지 했다. 섬약했지만 안으로 강한 그 친구를 볼 때마다 부러움을 넘어서서 주눅까지 들었다. 그에 비해 나는 약간 둥근 얼굴, 작은 키, 짧은 목, 둔한 목선으로 코스모스를 닮은 구석이라곤 아예 없었기에.

그러던 어느 날, 잊지 못할 코스모스 한 송이가 내게로 왔다. 한글날이면 연중행사로 행해지는 한글학회 주최의 백일장 대회에 참가하게 되었고, 운명처럼 '코스모스'라는 시제로 학생부 장원을 차지했다. 가슴은 벅차고 두근거렸으며 돌아올 땐 결과가 잘못 되었다고 다시 부를까봐 가슴 졸이기까지 했다. 다음날 학교에서 친구의 축하 포옹을 받았을 땐 나도 한 송이의 코스모스가 되어 있는 듯한 착각에 빠졌다.

흥분된 마음을 추스르기도 전, 옆 반 친구로부터 소포를 받았다. 등굣길에 버스를 타려고 정류장에 서 있을 때 낯선 남자 한 분이 교복을 보더니 책을 내게 전해 달라고 했단다. 겉봉엔 '인보관 박병열'이라는 말 외엔 아무 것도 없었다. 곱게 싼 포장지를 뜯었다. 박목월 시인의 자작시해설집인 '보라빛 소묘素描'였다. 표지 한 장을 넘기니 거기에도 '한글날 박병열'이라고만 씌어 있었다. 인보관이란 어떤 곳인가.

공부에 쫓기는 나날이었지만 궁금증을 견디다 못해 찾아가기로 했다. 일주일 후쯤 친구에게 책을 건네받은 정류장을 물어 그곳 일대를 더듬기 시작했다. 동네를 다 뒤졌고 마지막으로 걸어서 산이 보일 때까지 묻고 물어도 아는 사람은 나타나지 않았다. 무모하게 찾아 나섰다는 생각을 하며 산자락 초입까지 갔다. 마지막일지도 모른다는 생각으로 한 노인에게 물었더니 적산敵産가옥같은 허름한 집을 가리켰다. 몇 걸음 갔을 때 집 앞에 '인보관隣保館'이라는 글씨가 세로로 적혀 있었다. 입구에서 안내를 받아 삐걱거리는 나무 계단을 올라간 나는 눈앞에 벌어진 상황 앞에 현기증을 느꼈다.

결핵 환자 요양소! 도심에서 좀 떨어진 곳이긴 하나 이런 시설이 거기에 있을 수 있다니! 나를 안내한 사람은 안쪽으로 걸어가기만 했다. 잠깐 동안에 많은 생각이 어지럽게 오갔다. 그러나 그 생각들은 금방 잠재워졌다. “여깁니다.” 좁은 침대 하나, 창백하다 못해 푸른빛이 도는 30대쯤 되어 보이는 남자가 바튼 기침을 하며 일어나 앉았다. 머리맡엔 내 작품이 실린 잡지 ‘학원’이 여러 권 꽂혀있고 신문에 실린 내 시 ‘코스모스’가 스크랩 되어 핀에 꽂혀 있었다. 그는 환자였다. 나를 맞이하는 그는 수줍은 미소년처럼 얼굴이 상기되었다.

내 시의 대부분은 어둡고 가슴이 아린 내용을 가진 것이 많다. 바람 앞의 등잔처럼 살아가는 그는 동병상련의 심정으로 나의 시를 좋아한 것일까. 그러나 ‘코스모스’는 좀 달랐다. 전체의 내용은 기억할 수 없지만 마지막 구절은 기억한다. 그는 아픔 속에서 시의 마지막 구절에 희망을 걸었던 것일까.

‘다시 올 푸른 가을을 위해 / 네 까만 꽃씨를 받아 간직하련다.’

어떻게 여길 찾았느냐고 묻는 그의 목소리는 파장이 심했다. 아무 대답도 하지 못한 채 뛰쳐나오고 말았다. 그것이 내 애독자와의 처음이자 마지막 만남이었다. 나는 문학을 한답시고, 시를 쓴다고 껍죽대었으나 진정성이 없었고 생활과 괴리되어 있었다. 내 시는 언어의 유희에 불과했다.

도망쳐 나온 것이 미안해 두어 달 후, 다시 그를 방문했으나 빈자리만 나를 맞았다. 나는 누구에게도 그의 행방을 묻지 않고 돌아서서 나왔다. 생사의 갈림길에서도 하찮은 내 시를 사랑해 준 사람, 인사 한 마디 없이 버려두고 나온 매정했던 순간을 사과하고 싶었지만 상대는 부재중이었다.

인간에 대한 예의! 나는 그것을 저버렸다는 죄책감이 오랜 세월 나를 괴롭히기도 했지만 스스로 자위했다. 그 순간 내가 할 수 있었던 일이란 무엇이었을까. 기껏 고등학교 2학년, 열여덟의 소녀가 할 수 있었던 일이란 아무것도 없었고 그 상황에서 천연스레 위로하며 그와 얘기를 나눌 만큼 대범하지도 못했다. 물론 대도시에 그러한 시설이 있었다는 것도 꿈같은 사실이었다.

지금은 잊고 사는 시간이 더 많음은 어쩔 수 없는 세월 탓이라고 변명해 본다. 많은 시간이 나이테를 더한 지금, 내가 할 수 있는 것은 그가 내게 준 시집을 오래 간직하는 일 외에는 다른 방법이 없음을 안다. 그러기에 늘어나는 책들로 많은 책들이 일 년에 한 번씩은 정리를 당하지만 정가 칠백 환의 그 책만은 내 책꽂이에서 든든히 자리매김하고 있다. 인간에 대한, 내 애독자에 대한 사죄를 담은 예의의 표현이다.

올해도 속절없이 가을의 길목에 섰다. 코스모스가 피어나기 시작했고 내 기억의 저편에도 '까만 코스모스의 꽃씨'가 영근다. 그리고 못난 나의 시에서 아픔을 이기고 희망의 불씨를 살리고 있던 그도 거기에 있음을 본다.

2009년 9월

들풀

나는 이름 없이 돋아났다 시들어 버리는 들풀을 좋아한다. 그 조촐함을 좋아하고, 서둘지 않음이 좋다. 그들은 이름이 없는 게 아니라 우리들이 그 이름을 알려고 하지 않기 때문이기도 하다. 그들이 가지고 있는 이름들이 얼마나 정겹고 아름다운가! 대롱 같은 줄기에 엄지손톱만한 꽃이라도 매달리면 그보다 더 고운 정물靜物이 없다. 그러나 그들 스스로가 어떤 이름으로도 불러 주기를 원하지 않는 지도 모르겠다. 존재하는 것만으로도 만족하는 듯이. 이처럼 나설 줄 모르는 겸허한 자세가 좋고 시들어 버린 후에도 끝없이 넓은 들판을 메우는 그 냄새가 더욱 좋다. 하늘과 땅, 공허한 가슴까지 꽉 채워 버리는 그 솔가지 같은 냄새가….

들판을 거닐어 보라. 발끝에 와 닿는 짜릿하도록 상쾌한 감촉, 이슬을 보듬고 있는 들풀들. 봄이 오면 야들야들한 푸른 봄의 융단 위에 발을 내디뎌보라. 바람이 불 때마다 떨리며 울어대는 들풀의 울음에 귀를 기울여 보면 가는 청력으로도 헤아려지는 속삭임이 있다. 그들은 구름이 쉬었다 간 자리와 사람들이 남기고 간 얘기들을 전해준다. 봄으로부터 여름을 지내 오면서 누구에게나 선선히 웃음을 건네주는 온유함이 가슴으로 차오른다. 그러나 무성한 계절이 가 버린 후에도 들풀은 새로운 모습으로 온다. 허허로워진 들판. 바람 한 자락 무릎에 덮고 앉아 오므라든 꽃과 희부옇게 바래어져가는 풀들을 바라보면 속절없이 연륜을 더해가는 여인의 모습을 보는 것 같다. 다 주고도 넉넉하게 가는 모습. 들판에 흩뿌려지는 마른 냄새. 그 냄새는 눈썹에 매달린 시름까지도 걷어 간다. 시간이 단절되어도 좋을 것 같다.

'그믐달 같은 사람'이라든가 '보름달 같은 사람'처럼 사람을 달에 비유하여 예찬하기도 하지만 나는 들풀을 좋아하는 것만큼이나 들풀 같은 사람을 좋아한다. 우선 들풀은 서민이다. 민초民草! 그의 이름처럼 질박質朴하다. 더불어 겸허하면서도 질긴 생명력을 가지고 있다. 들풀이 아무도 그의 이름을 불러주지 않아도 침묵하듯 가진 것 하나도 쉬이 내세우지 않는 사람. 이런 사람을 좋아한다. 또한 다소곳한 들풀은 꽃을 매달든 매달지 않든 눈부시다. 화장기 없는 고운 얼굴의 아낙이다. 섬섬옥수는 아니어도 이런 아낙이 빚어내는 질그릇 같은 맛은

곱씹을수록 맛이 진해지기에 이런 들풀 같은 사람을 좋아한다.

한 번도 남의 칭찬을 받아 본 적도, 시선을 끌어 본 적도 없는 어느 서커스단의 피에로의 순수한 열정도 내겐 오랜 여운으로 남아 있다. 재주 없고 못 생긴 그는 어찌어찌하여 서커스 단원이 되었지만 항상 찬밥이었단다. 언제쯤 해고 될지 모르는 그의 생활 자체가 아슬아슬한 곡예였단다. 어느 날 이 피에로가 성당에 들어가서는 오랜 시간 나오지 않아 동료들이 문틈으로 보았단다. 그랬더니 그는 성모상 앞에서 두 손은 땅을 짚고 다리는 천정을 향해 흔들고 있었단다. 그는 그의 유일한 재주를 뽐내며 성모님을 기쁘게 해 드리기 위한 일념을 불태우고 있었던 것이다. 누가 이 피에로를 못난이라 부르겠는가. 마음은 따뜻하고 순수하여 하나의 재주로 가장 사랑하는 이를 위해 혼신의 힘을 다한 피에로의 얼굴엔 분명 희열의 꽃이 피었으리라. 몰래 행한 그의 행위는 이름 없이 피었다가 시들고, 그리고 말라버린 후에는 사방에 그 향훈을 누군가에게, 아니 이웃들에게 흩뿌림으로써 만족해하는 들풀의 낮은 몸짓이 아닐까. 자만도 가식도 없는 묵묵한 자세로. 그런 들풀 같은 사람을 나는 좋아한다.

얼마 전 태백 분주령으로 들꽃 기행을 다녀왔다. 병이 도지듯 일 년에 몇 번씩을 여기를 찾는다. 이번엔 그들이 주는 풀냄새밖에 없음을 알면서도. 때가 늦은지라 들풀도, 들꽃들도 찬 서리를 맞아 누렇게 바래어져 있었다. 수런거림도 멈추어 버렸지만 결코 생명을 잃은 것이 아니었다. 모진 추위에도 그들은 걸음을 접는 것이 아님을 나는 알고 있다. 새롭게 태어나기 위한 몸부림과 생명을 이어가기 위한 준비 작업으로 저런 향내를 흩뿌리는 걸까. 올 때마다 다른 모습으로 내게 힘을 주는 질긴 생명력. 밟히고 뜯겨도 고물거리며 올라오는 신기하도록 기특한 힘은 어디서 연유한 것인지. 그들은 내가 갖지 못한 것들을 폼 나게 가지고 있다. 자존심과 긍지를 가졌기에 모진 바람에도 작은 몸을 곧추 세울 줄 안다. 못나고 부족함으로 움츠러드는 내게 용기를 북돋아주며 다가오는 들꽃이여!

오늘밤 나는 강물에 스러지는 고운 달무리 같은 꿈을 꾼다. 이슬을 먹고 자란 들풀들이 다시 이슬로 승천하여 온갖 것에 내려앉기를 바란다. 또한 내 몸을 흠뻑 적시고 내가 한 포기의 이름 없는 들풀이 되기를 소망한다. 그리하여 사람들에게 웃음을 선사하고는 하늘이 높아지면 마른 향내를 사방에 뿌리며 조용히 침묵할 꿈을 꾼다.

2009년 3월

아르페지오네 소나타

'작은 프란치스코의 집'에서 돌아왔다. 이제 10 년이 넘었다. 정신지체 장애우들이 수녀님과 함께 모여 사는 곳이다. 내 손으로 점심을 준비하고, 함께 나누고 뒷정리를 하고 돌아오는 일이 고작이지만 제법 긴 세월에 이젠 식구들 같다. 그런데 오늘은 또 한 명이 줄어들어 있었다. 내가 다니는 동안 24명의 식구들이 딱 절반인 12명이 되었다. 이런 일이 있을 때마다 항상 그러했지만 몸을 푼 산모처럼, 아니 신열에 떨던 환자가 늘어지듯 맥이 쑥 빠진다. 어찌 이별이 없으며 죽음이 없겠는가. 그러나 그들의 죽음은 항상 혈연처럼 가슴을 저리게 한다.

이런 날 나의 유일한 위로는 음악이다. 특히 현악을 듣는다. 망망한 호수 같은 그 울림을 사랑하기 때문이다. 그 중에서도 상실의 아픔을 소리 없이 씻어내 주는 슈베르트의 '아르페지오네 소나타'를 즐겨 듣는다. 아르페지오네 소나타는 서른한 살로 세상을 떠난 슈베르트가 가난 속에서 지금은 멸종된 아르페지오네라는 악기를 위해 작곡한 것이다. 그는 단 하나의 악기를 위해 아니, 연주해 줄 단 한 사람, 빈센초 슈스터라고 하는 주자奏者를 위해 작곡했다고 한다. 그 때문인지 이 소나타는 '하얀 슬픔'으로 표현되기도 한다. 슈베르트는 마치 자신의 생애와도 같이 단명한 이 악기를 위해 불멸의 악곡을 남긴 것이다. 아르페지오네라는 악기가 존재했지만 그 악기를 위한 소나타는 유일하게 슈베르트의 작품밖에 없다.

인간이든 사물이든 사라진다는 것은 아쉬움을 동반한다. 악기는 사라지고 심금을 울리는 악곡만 남았기에 어쩔 수 없이 그 악기와 비슷한 음색을 가진 첼로가 대신하는 경우가 많다. 많은 첼리스트들이 이 곡을 연주하며 가슴을 내려앉게 했지만 나는 라트비아 출신의 미샤 마이스키의 연주를 가장 좋아한다.

몇 년 전 나는 그의 이 소나타를 듣기 위해 2월의 끝자락에 예술의 전당 콘서트홀에 앉아 있었다. 그날 검은색의 실크 블라우스를 입고 흰 곱슬머리를 날리며 등장한 미샤 마이스키는 여성처럼 섬세했다. 첫인사를 하듯 베토벤의 변주곡을 들려주고는 친숙하게 이 소나타를 연주했다. 약간 빠른 템포의 1악장, 피아노의 전주가 깔리고 바로 첼로가 뒤를 이었다. 서정적인 악곡이 미샤 마이스키의 손끝에서 더욱 눈부시게 피어나고,

성악가의 빛나는 음성처럼 음 하나하나에 윤기가 흘렀다.

좀 느린 2악장에 와서는 첼로와 피아노가 대화를 했고, 첼로로 이어진 3악장에서는 주제가 끊임없이 반복되는 론도 형식의 악장으로 끝을 맺었다.

나는 그날 마이스키의 고향을 생각하며 현의 흐느낌에서 오래 전에 들렀던 러시아의 자작나무 숲속을 거닐었다. 그날 왜 자작나무 숲을 떠올리고 있었을까. 아마 그에게서 느꼈던 러시아적인 분위기와 아르페지오네의 가녀린 떨림이 켜켜이 쌓인 그리움을 허옇게 벗어 버리고 울던, 자작나무숲의 바람소리를 떠오르게 했기 때문일 게다. 끝이 없던 자작나무숲길. 그 울음. 그리고 아르페지오네의 선율.

그런데 오늘은 나를 달래며 용재 오닐의 비올라 연주로 이 소나타를 듣기 위해 CD를 오디오에 넣는다.

용재 오닐! 그의 이름만 들어도 가슴이 아파온다. 텔레비전에서 '인간극장'의 주인공이 되면서 세계최정상의 이 비올리스트는 우리에게 더 널리 알려졌다. 6.25의 전쟁고아로 미국에 입양된, 정신지체이자 스물다섯에 미혼모가 된 그의 어머니에게서 미국 입양 2세로 태어난 그는, 설움과 한恨을 인간의 소리와 가장 비슷한 비올라에 실었다고 했다. 그리고 사람들을 위로할 수 있는 음악으로 한을 삭일 수 있었음에 감사한다고도 했다. 그런 그가 연주하는 아르페지오네 소나타는 잘 어울리는 연주자를 만난 듯 구성지게 방 안을 메운다. 바이올린보다 더 낮은 소리로 빗물처럼 가슴을 적시는 비올라에 실려 아르페지오네 소나타는 나를 울리고 또 달랜다. 죽은 사람에 대한 그리움과 사라진 것에 대한 아쉬움을 떨쳐내지 못하는 아픔을 훑어낸다.

지구상에서 이젠 자취를 감추어 버린 아르페지오네라는 악기와, 한을 승화시킨 용재 오닐의 아름다운 삶이 이 소나타 속에서 빛을 발한다. 또한 유대인이라는 이유로 옥중생활을 하기도 했던 라트비아 출신의 미샤 마이스키의 우울한 시간들을 씻어내기도 했다. 그리고 10 년을 드나들며 애환을 나눈 식구들의 죽음 앞에 가슴 아파하는 나를 아르페지오네 소나타는 어루만지며 잠재운다. 내게 온 고요, 바자니던 가슴이 평온을 되찾는다. 이 소나타가 주는 포용과 위안이기도 하다.

우울했던 하루를 접는다. 이제는 멸종된 악기를 위한 소나타가 새로운 소리로, 울림이 더 큰 소리로 나를 감싸 안는다. 상실은 더 큰 상실을 낳는 것이 아니라 정화되고 순화되어 가슴에 안긴다. 아르페지오네 소나타는 평온을 찾은 나를 위로하고 기도하게 한다.

'작은 프란치스코의 집'! 오늘밤 나는 그곳에 이 아르페지오네 소나타를 띄워 보내고 싶다. 식구들이 더는 줄어들지 않았으면 좋겠다는 나의 작은 소망을 함께 실어서. 그러면 이 소나타의 물결은 그들의 마음을 행복하게 할 것이며 내 소망과 사랑을 느끼게 해 주리라 믿는다.

음악에서 빠져 나와 창밖을 보니 2월의 차디찬 보름달이 창에 걸려 있다. 달력을 본다. 정작 잊고 있었네, 마흔두 번째 맞는 어머니의 기일忌日이 내일 모레구나!

2009년 3월

우리가락을 찾아

난계 박연 선생을 기리는 난계국악박물관과 상설 공연장이 있는 충북 영동으로 가기 위해 새마을호에 몸을 실었다. 오늘이 세 번째 방문이다. 간이역 심천을 지나 영동으로 들어서기까지는 발그레한 복사꽃과 하얀 배꽃이 하롱거리며 봄길을 밝히고 있었다.

몇 달 전, 엷은 겨울 햇살이 어쩌다 한소끔 내리비치던 날, 난계국악박물관에 들렀으나 스산한 겨울바람 탓인지 닫힌 문을 보면서 돌아설 수밖에 없었다. 그리고 며칠 전에 가서는 악기들을 만지며 소리를 내어 보기도 했으나 우리의 악기로 오케스트라를 멋지게 빚어낸다는 〈난계국악단〉의 연주는 듣지 못했으니 마음에 차지 않아 다시 찾은 길이었다.

사실 난계 박연에 대해 관심을 가지게 된 것은 '문화 생태

탐방로'에서 '아홉사리 과거길' 걷기를 하던 날이었다. 과거 보러 가는 선비의 꿈이 서린 '여주 여강 길 걷기'의 시작은 세종대왕의 영릉英陵이었다. 거기에 들렀을 때 보게 된, 태양 아래 돋보이던 앙부일구(해시계)! 열 시 정각, 확처럼 패인 해시계에 열 시를 가리키던 바늘의 그림자! 그 놀람!

그런 대왕이니 대왕의 뜻을 받들어 우리나라 음악인 향악을 정리한 박연까지도 내 관심 밖을 벗어나지 못했다. 그 업적은 익히 알고 있었지만 얄팍한 이론 외에 더 무엇을 알고 있다는 것인가. 기껏해야 피리의 명연주가였던 그의 면모를 그려보는 정도라고나 할까.

뿐만 아니라 세월의 흐름에 식성처럼 변하는 것 중 하나로 클래식만 고집하던 내가 우리 가락에 대해 향수 같은 그리움을 갖게 되면서 그것을 가슴에 꼭 한 번 담고 싶었다.

공연장으로 들어서니 단체관람이 있는지 좌석이 거의 메워져 있었다. 첫 곡으로는 대중음악가로 알려진 김수철의 '천년학'을 대금으로 연주했다. 소설로도 영화로도 널리 알려진 음악이다. 대금의 소리가 얼마나 맑고 은은한지 그 여음이 벌써 가슴에 구멍을 내고 말았다. 아무도 몰래 안경을 벗었다. 다음은 POP의 영원한 고전이라고 하는 영국의 그룹 '비틀즈'의 노래였다. 'Hey Jude'와 'Ob-la-di, Ob-la-da' 를 연속으로 들려주었다. 태평소와 대금이 노래를 이끌어 나가고 청아한 스물다섯 줄의 가야금이 선율을 이으며, 맛을 내는 해금이, 한을 풀어내는 아쟁이 어우러졌고, 피리의 고음高音 위에 편안한 여섯 줄의 거문고가 물결처럼 노닐다가 은은하고 구성지게 이어나갔다. 양악을 우리의 악기로 풀어내며 사람들의 심금을 울려준 관현악이었다. 장내는 정적이었다.

마지막은 재일교포 의사인 '양방언'의 '제주의 왕자'였다. 의사의 길을 걷기를 원해 끝까지 아들을 이해하지 못하고 돌아가신 아버지의 고향, 제주에 들렀을 때 이 작곡가는 세상에서 가장 아름다운 바다가 '제주의 바다'였다고 이야기한 적이 있었다. 그 아름다운 바다와 아버지에 대한 그리움과 회한, 그리고 옛날 탐라의 왕자가 생각나 작곡했다는 곡이다. 그의 노래엔 애절한 그리움과 한恨이 굽이굽이 서려 있었다. 난계국악당에서 소장하고 있는 악기 중 오케스트라에 쓰일 수 있는 악기가 모두 동원되었다. 푸른 제주의 바다가 넘실넘실 춤을 추고 탐라의 왕자가 성큼성큼 걸어 나오고 있었다. 높은 소리를 내는 태평소와 피리가 앞장을 서고 줄울림악기(현악기)들이 연주자들의 손끝을 타고 슬픔의 너울을 넘고 있었다. 아픔과 환희의 동반이었다. 우레 같은 박수였다.

가락은 연주자의 손끝에서, 또는 악기의 공명을 통해 자유자재로 날아다니는 한 마리의 학처럼 유연했다. 거기에는 우리의 한과 꿈이 실려 있었다. 그 뿐만 아니라

우리의 악기는 세계 어떤 음악도 담아내는 큰 그릇이었다.

젊은 날 개인지도를 했던 청각 장애 제자를 생각했다. 참한

여학생이었다. 초등학교는 구화학교를 졸업하고 중학교는 내가 근무하던 일반 학교로 진학해 왔다. 고등학교 입학을 앞둔 중3이 되었을 때 난감해진 부모님과 그 담임 선생님은 내게 국어 개별지도를 부탁한 것이었다.

퇴근 후 곧장 보내 온 승용차를 타고 보청기를 낀 제자의 집에서 보내는 네 시간. 물론 저녁 식사 시간도 있었다. 가르칠 땐 입을 크게 벌리고 행동으로 일인극을 하면서 의사 전달을 하며 문장의 이해를 도와주었지만 저녁 식사 후 잠깐 쉬는 시간은 참 어려웠다. 우스갯소리를 하거나 농지껄이를 할 수도 없었다. 막막했다.

아! 그때 그 집 한 구석에 있던 실로폰. 실로폰을 두들기면 웃어 주던 착한 나의 제자. 그는 가락에는 귀가 열려 있었을까.

내가 그때 우리의 가락이, 우리의 악기가 이렇게 멋진 줄을 알았으면 피리 하나라도 갖고 함께 불기라도 해 보았으면 하는 때늦은 후회를 한다. 어줍은 현대 악기 연주에 웃어 주던 제자가 마음을 담는 우리의 악기에 맛들였다면 우리글에 담긴 뜻을 쉬이 풀어내지 않았을까. 그만큼 우리의 악기에 담긴 가락은 말없는 교감을, 마음을 충분히 전달해 주었다.

저물 녘 공연장을 나오니 벅찬 감흥과 지난날의 아쉬움이 함께 밀려왔다. 전날 예술의 전당에서 들었던 필하모니아 오케스트라의 교향곡이 금잔디 위에서 시폰의 원피스를 바람에 하늘거리며 서 있는 여인의 모습이라면 우리 악기가 빚어내는 가락은 애환을 무명치마에 받아 안은 맨발의 어머니거나 낭자 머리 고운 여인의 모습을 떠올리게 했다. 바로 우리의 모습, 그리움을 담은 고향 같은 모습이었다. 그러면서도 세상을 껴안은 확 같은 그릇이었다. 아니, 청각 장애를 가진 제자의 귀까지도 밝혀 줄 수 있을 것 같은 그런 가락이었다.

2010년 5월

사계를 스케치하다

1. 프롤로그

어느 날 병실에서 보았던 초봄의 환희로움이 초라한 내 창을 넘나드는 사계를 노래하게 한다. 사계가 주는 선물을 받을 수 있는 이 땅에 살고 있음에 감사한다.

2. 봄

봄은 해진 하루를 기워 새날을 밝혔다. 기지개 켜며 일어서려는 산하를 훼살 짓던 꽃샘바람도 자연의 섭리 앞에 무릎을 꿇었다. 햇살은 순하고 맑고 신선하다. 보드라운 바람에 솜털이 일듯 지상의 온갖 것이 소생의 기운을 돋우고 있다. 밤새 눈을 틔우느라 내린 비에 감사의 눈물을 매단 나무, 새순으로 푸름을 여는 나무, 나무들. 창에 일렁이는 목련 가지의 그림자.

'어제 죽은 자가 그리던 가장 살아보고 싶었던' 오늘! 이 황홀한 아침. 봄은 조용히 흘러가고 있다. 꽃비가 눈앞을 가리면 나를 위해 기도하고 있을 친구에게 편지를 쓰리라. 꽃보다 아름답게 살고 있다고.

3. 여름

폭염조차 까무러뜨린 한 자락 소나기가 지나간 후 빛살이 사방에 걸렸다. 우리 동네는 매미 천지다. 매미소리에 하루가 저물고 또 밝아오기도 한다. 유충으로 긴 세월을 살아온 매미들은 겨우 열흘 정도의 삶을 울음으로 지탱하나 보다. 그 소리에 귀를 열어 보면 수많은 색깔을 느낄 수 있다. 수컷의 진을 빼는 듯한 울음이 암컷과 교감이 되는 날, 그들은 신방을 차릴 수 있으니 저렇게 모질게 울어대는 것일까. 수액樹液으로 살아가는 그들이 곡예 하듯 나무에 매달렸다. 드물게 보이는 잠자리 한 마리가 매미소리를 매달고 배회하듯 난다. 이십 년이 지난 아파트라 나무들이 제법 무성해져 터널 같은 산책로도 만들고 있기에 매미가 모여 드는 것일까. 아니 수액을 진하게 머금은 나무들이 많은 까닭이리라. 유난히 많다. 항상 오르는 남산에서도 이렇게 요란한 소리는 들을 수 없다. 창을 열고 밖을 내다본다. 매미소리가 틈을 주지 않고 방 안으로 들어온다. 2층에서 내려다보이는 모과나무에 눈이 간다. 입주할 때 사다 심은 모과나무가 비실비실하여 해마다 마음을 졸이게 하더니 올핸 열일곱의 모과를 매달았다. 함몰된 유두乳頭 같은 꼭지를 달고 있다. 튼실하진 않지만 예쁘고 기특하다. 풍경으로 한 몫을 한다.

숨찬 단내를 여름은 뿜어낸다. 바캉스! 집을 비우고 도시를 비우는 이 문명이 언제부터 우리네 살림에 파고 든 것일까! 아파트 주차장이 휑하다. 이 여름은 집에서 책을 읽으며 보내리라 작심한 터라 한여름의 질긴 태양도, 목마른 백사장도, 간담 서늘하게 하는 계곡도 마음에만 담아 두기로 한다. 그리고 작열하는 태양 아래 무르익으며 성숙해지는 모든 것을 위해 건배한다. 다시 한 계절을 넘겼다. 저 태양을 나도 닮으리라.

4. 가을

하늘이 너무 맑아 가슴 아프다.

"…지금 집이 없는 사람은 이제 집을 짓지 않습니다./ 지금 혼자인 사람은 그렇게 오래 남아/ 깨어서 책을 읽고, 긴 편지를 쓸 것이며/ 낙엽이 흩날리는 날에는 가로수길 사이로/ 이리저리 불안스레 헤맬 것입니다."

릴케의 '가을날'로 아침을 연다. 여름이 끓는 피를 달래기 시작하고, 매미도 시름에 겨운 듯 울다말다 한다. 섬돌도 없는 아파트 구석에서 성급히 온 귀뚜라미가 밤을 새우더니 울음을 그친다. 바람은 거리를 휩쓸고 숲으로 달아난다.

집을 나선다. 도열하듯 서 있는 가로수를 본다. 마주 보고 있던 나뭇잎들이 앞서거니 뒤서거니 하며 떨어지고 있다. 잎뿐만이 아니라 밤송이 같은 열매도 함께 떨어진다. 미화원 아저씨의 손에는 넘치도록 쓸어 담은 낙엽 포대가 들려 있다. 이럴 때 보면 가을은 별리別離의 계절이자 마무리하는 계절인 것 같다. 앞서가는 욕망도, 회한도, 다 내려놓고 싶어진다. 또한 훌훌 옷을 벗는 나무들처럼 소유하는 일에 악착스러워지지 말자고, 나뭇가지 사이로 떨어지는 가을 햇살만큼 가벼워지자고 스스로에게 타이른다. 가을은 수확의 계절이라고 하지만 가을은 폐허 같다. 아니 외로움이다. 텅 빈 들녘이며 낙화落花가 그러하고, 옷깃을 파고드는 바람이 그러하다. 그러나 낙하落下를 받아 주는 손길이 있고, 빈 것을 채울 준비 작업이 모르는 사이에 이루어짐을 우리는 안다. 또한 외롭다는 것은 내 성찰의 시간이기도 하다. 가을을 넘겼고 거기에 낙엽처럼 감사하는 마음이 쌓인다.

4. 겨울

가슴 시리다. 한 해의 마지막 계절에 선다. 날이 선 하늘, 사유思惟만이 존재하는 듯한 명징明澄의 아침, 선잠 깬 새들의 날갯짓 소리에 눈을 뜬다.

이르게 산에 오른다. 등산이 아니라 산책이다. 숲에서 자양분을 머금고 다시 올 봄을 위하여 인고忍苦를 익히는 나무들을 본다. 겨울이면 나무들은 뿌리를 더 깊게 내린다. 얼어서 벌어지는 바위 틈새기로 깊이깊이 뿌리를 내릴 수 있기 때문이리라. 치열한 도전과 인내가 있어야 아름다운 꽃을, 잎을 달 수 있음을 그들은 알고 있다. 겨울의 몸짓이 내겐 기쁨으로, 희망으로 온다. '우전'차 한 잔으로 한해를 접을 것이다.

5. 에필로그

사계절은 눈부셨다. 그리고 내게 힘이었고 위로였다. 거뜬히 보낸 사계절. 그 힘으로 나는 또 한 해를 열 것이다. 그리고 기다릴 것이다. (병상 일기에서)

2009년 2월

쌈지 속에는

지하철 9호선 사평역에서 지상으로 나와, 새로 생긴 '쌈지공원'에 앉았다. 햇빛 한 스푼, 바람 한 자락, 몸을 내려놓을 수 있는 한 자리, 넉넉한 쉼터였다.

쌈지! 그 속엔 곰방대에 담길 연초며, 구겨진 지폐 몇 장이 들어있어야 제격이다. 그런 쌈지가 내 추억의 품속에서 숨 쉬고 있다. 바로 어머니의 쌈지다. 어머니는 시름을 잊기 위해서나, 어쩌다 무료할 때 '심심초'라고 하며 쌈지에서 연초를 끄집어내어 곰방대에 꼭꼭 채우고는 담배를 피우셨다. 젊어서 혼자되신 외할머니로부터 배웠다고 했다. 쌈지엔 썰어낸 연초가 가끔은 가루가 되어 들어 있기도 했다. 시름으로 으깨어진 가슴이 그러할까. 그 가슴을 털어내듯 재떨이에 톡톡 재를 털 때마다 곰방대를 뺏으며 만류하던 어린 시절. 어머니의 건강

보다 부끄러움이 앞섰다. 친구 중에 어머니가 곰방대를 물고 앉아 있다는 소리를 들어 본 적이 없었기 때문이었다. 그러나 어머니는 그게 가장 큰 낙이라고, 피곤을 씻어내는 약이라고 했다. 그리고는 나를 달래기 위해 쌈지에서 구겨진 지전을 꺼내어 주시곤 했다.

어느 날 밤이었던가. 마당이 없는 적산가옥의 우리집 창을 넘어 들어온 어스름한 달빛 속에서, 쌈지에서 연초를 끄집어내어 곰방대에 저미듯 집어넣고 있는 어머니를 보았다. 긴 한숨이 곰방대를 떨게 하기도 했다. 그 순간 어머니의 손끝에서 놀고 있는 그 쌈지가 그렇게 미더울 수가 없었고, 곰방대를 문 어머니의 모습도 싫지 않았다. 동백기름을 바른, 어머니의 쪽진 머리와 잘 어울리기도 했다. 그러나 그 모습도 잠깐이었다. 곰방대를 물 힘이 없어지자 쌈지 속에 남아 있던 연초는 자취를 감추었고, 내게 건네 줄 지전 몇 푼만이 들어 있을 뿐이었다. 그러다 어느 날 그 쌈지는 쇠잔한 어머니의 허리춤에서 내려오게 되었다. 그런 연유인지 쌈지는 내게 믿음으로, 어머니의 시름이 갈무리 된 곳으로 자리 잡고 있다.

'쌈지공원!', 그 이름의 어원이 모양에서 왔든, 아니면 겨우 쌈지를 만들 만한 자투리 천에서 왔든 고운 이름이다. 아파트나 큰 건물 사이에 있는 자투리땅에 마련된 공원이기 때문이다. 한 뼘의 땅이 많은 사람의 휴식처로 자리매김하게 된 것이다. 자투리땅이니 모양도 반듯하지 않아 영락없이 허리춤에 매달린 쌈지 모양이다. 무엇을 담을 수 있는 작은 주머니! '담는다'는 것은 곧 '품는다'는 말과 통하지 않을까. 품는다는 말은 이미 뜨거운 '사랑'이다.

나는 쌈지를 좋아하는 만큼 쌈지공원을 좋아한다. 우거진 숲이 아니기에 나무들의 합창도 없고 피톤치드라고 하는 유익한 물질도 토해낼 줄 모른다. 그러나 바쁜 일상을 잠깐씩이라도 내려놓고 긴 호흡을 하기에는 그만한 곳이 없다. 정담을 나누는 머리 위로 그늘을 만들어 주기에도 충분하다. 바람이, 작은 가지에서 뛰어내려와 무릎 앞에서 구르기도 한다. 간간히 답답한 아파트의 공간에서 푸른 하늘이 그리워 잠시 나왔다가는 햇살을 안고 들어가는 곳이다. 아니, 집을 찾아가는 길에 아픈 다리에게 휴식을 주었다 거두어가는 곳이기도 하다. 여름이면 질긴 울음 우는 매미가 오기도 하고 텃새들이 이리저리 눈치 보듯 옮겨 앉기도 한다. 눈 내린 아침엔 까치가 흔적을 남기고 가기도 한다. 자잘한 파문 같은 기쁨이 있다.

이러한 공원이 사평역에서 나와 아파트를 가로질러 가는 곳에도 만들어져 있어 나를 반긴 것이었다. 겨울이라곤 하지만 별로 쌀쌀하지가 않아 의자에 자리 잡고 앉았더니 햇살을 등진 한 조각의 구름이 내려와 내 어깨를 덮어 주었다. 할머니 한 분이 무릎담요를 든 채 깨끗한 자리를 찾아 앉았다. 두리번거리는 모양이 누구를 기다리는 모양이었다. 얼마나 시간이 흘렀을까. 또 한 분의 할머니가 구부정한 허리 뒤로 손을 두른 채 나타났다. 앉아 있던 할머니가 마중하듯 일어서 가더니 조심스레 손을 붙잡고 자리로 모셔 와서는 담요로 무릎을 덮어주며 다독여주었다.

"오늘은 오시지 않는 줄 알았어요."

"아우님이 기다릴 텐데 얼굴이라도 보아야지, 안 올 수 있나?"

두 할머니의 다음의 이야기는 바람결에 끊어졌다 이어졌다 해서 알 수가 없었다. 대강 짐작할 수 있는 것은 이들은 이 쌈지공원에서 만난 할머니들이며, 마음을 터놓게 되자 서로의 안부가 궁금해 하루에 한 번씩은 만난다는 사실이었다. 흘깃 쳐다보니 두 할머니는 꼬부라지고 주름진 손마디를 펴 주려는 듯 서로 만지며 훑어주고 있었다. 가슴에 바람이 일었다. 콧잔등이 시려왔다. 슬그머니 그들 곁으로 가서 손등이라도 만져주고 싶었다.

정말 그렇다. 쌈지가 어머니의 시름을 눅여줄 연초며 딸을 달래기 위해 건네 줄 지전 몇 푼을 보관하던 사랑의 작은 보물 항아리였듯이, 쌈지공원 역시 사람들의 마음을 따뜻이 감싸주고 보듬어주는 공터다. 시름에 겨운 사람도, 사랑이 그리운 사람도, 입 찢어지게 웃고 싶은 사람도 한 번씩은 들러서 그들의 그림자를 두고 간다. 인정이, 사람의 냄새가 쌓인다. 사랑이 번진다.

사평역에서 강남의 교보문고까지 지하철로 한 정류장이다.

서점으로 가는 가장 빠른 길목이니 이 공원에 자주 들르게 되겠지. 책을 사서 돌아오다가는 이 공원에서 시간 가는 줄 모르고 책 속에서 뒹굴게 될지도 모르겠다. 그런 모습도 남겨 두고 가고 싶다.

그러나 무엇보다 이 할머니들의 아름다운 모습을 여기에서 오래오래 보기를 소망하며 자리에 체온을 남겨 둔 채 일어섰다. 돌아보니 그들은 아직도 손을 잡고 바람에 몸을 맡긴 채 쉬고 있었다. 인정이 담긴 가장 아름다운 한 폭의 수채화가 거기에 남아 있었다.

2010년 1월

상야리의 바람

눈 뜬 봄꽃이 하롱거리던 날, 열다섯의 꼬마는 소설을 쓰는 중견작가가 되어 기억 속의 선생을 찾는 글을 카페에 올렸던가 보다. 그도 이젠 이웃의 이별이 잦아지는 나이가 되었기 때문이었을까. 동명이인은 아니리라 생각된다며 숨찬 문우의 음성이 전선을 타고 왔다. 그렇게 우린 겹겹의 세월을 건너질러 모니터 위에서 조우할 수 있었다. 오고가는 학생들, 세월의 갈피 속에 묻어둔 그들의 이름. 그러나 필명으로 활동하고 있는 그를 알지 못했다. 이미 그가 쓴 소설의 애독자가 되어 있는데도 불구하고.

충청도, 조금 외진 상야리에 둥지를 틀 듯 집필실을 두고 있는 그는 글을 쓰는 것이 본업이었다. 문학이 삶이고 삶이 문학이었다. 선생과 제자가 아닌 동료이며 서로의 애독자가 되어 주거니 받거니 생활을 나누었다. 그리고는 공통점에 동그라미를 쳐나갔다.

바렌보임과 그의 아내였던 재클린 뒤 프레의 연주를 들은 후, 침잠 후에 오는 감동을 나누기도 했다. 슬라브와 보헤미안 음악, 애절한 칸소네까지도. 우르르 쏟아지는 몽골의 별빛이며 우리들의 처절했던 유년을 떠올리게 하는 라오스 사람들의 평화로운 얼굴들을 점자 읽듯 모니터에서 읽어 나갔다. 하와이언 코나, 마우이, 예가체프, 블루마운틴, 마타리, 케냐 AA, 등의 커피 맛을 나누기도 했다. 오지를 함께 여행하며 가슴을 트는 사람들처럼 그렇게 날수를 세어갔다. 그러면서도 가장 큰 공통점은 그러한 것들을 왜 좋아하느냐고 묻는다면 그 이유를 둘 다 설명할 수 없는 점이었다. 문학이라는 가교가 씨줄날줄이 되어 이야기를 엮어가고 있었다.

그러던 어느 날이었다. '건강하세요.'라는 짧은 글 한 줄을 남기고 그는 문을 닫았다. 봄이 깊어져 끝물이 되면 돌아오겠다며 글 쓰던 보따리를 짊어지고 멀리 떠나갔다.

속절없이 봄은 이울고, 짙은 그늘 속에 매미의 울음도 까무러지던 여름을 지나 흐벅지게 눈이 내려도 그 눈 위에 낯익은 발자국은 찍히지 않았다. 순환열차처럼 봄이 다시 꽃몸살을 하고 여름이 강렬한 빛으로 눈을 멀게 하더니 가슴 후비는 가을이 슬금슬금 눈치를 보며 내 곁을 거의 빠져나갔을 때쯤 소설 한 권을 들고 초췌하지만 편한 얼굴이 되어 그는 돌아왔다.

우린 나누지 못한 얘기들을 이어갔다. 새 소설집에 대한 애독자로서의 느낌을 전하고 출산의 진통에 비견할 고통의 결실에 박수를 보내었다. 그는 문학의 싹을 중학교 때로 돌렸다. 읽은 책이라고는 고작 동화책 몇 권이 전부였던 그에게 수업시간에 들려 준, 근대에서 현대에 이르기까지의 소설들은 새로운 세계와의 조우였다고 했다. 그 다음의 말은 어느 말보다 두렵고 가슴을 막히게 했다.

"선생님, 책 읽는 즐거움에서 결국 글 쓰는 고통으로 달려가게 했습니다."

만남을 서둘렀다. 그리고 만났을 때는 우린 낯설음이 아니었다. 그러기에 단박에 알아볼 수 있었다. 수더분한 꼬마와 철들지 않은 선생이 세월을 먹어버린 해후를 했다.

그리고는 상야리의 집필실로 다시 초대를 받았다. 볕살이 조금씩 두께를 더해가는 초봄이었다. 청주터미널로 마중 나온 그는 조금은 허둥거리고 있었다. 글 쓰는 친구들 셋, 사내들만 있어 깨끗하지 못하다며 얼굴 붉히는 그에게 괜찮다는 말 대신 가지고 간 라면을 안겨 주었다.

들어서는 시골 마을의 입구는 황량했고 오후를 바람이 차지하고 있었다. 흙길을 달려 집필실에 도착했을 땐 뜨락엔 닭들이 손님을 맞이함인지 제법 부리를 까불어대고 힐끗거리며 쏘다니고 있었다. 남천나무가 무심히 서 있는 그의 집필실로 들어서니 난로 위에 놓인 주전가가 김을 토하고 있었다. 여기저기 놓인 노트북이며 로스팅기, 진열장 속을 채우고 있는 수동 분쇄기와 커피 콩. 벼르고 별렀다며 커피를 볶았다. 방 안을 채우는 커피의 향내는 그의 작품에서 풍기던 냄새 같았다. 따뜻했다. 세상에서 하나뿐인 커피라며 종류별로 싸 주었다.

바람소리가 창을 스치며 지나갔다.

나눈 이야기는 오래 입은 외투처럼 익숙한 음악이며, 사랑과 여행, 그리고 만만치 않은 글 쓰는 작업에 대한 이야기였다. 다시 연애소설을 쓰기 시작한 그는 딜레마에 빠져 있었다. 사랑이란 가슴 저미는 통렬함보다 그저 따뜻한 온기 정도면 충분하다고 생각하게 된 나이에 간절한 사랑을 시도함이 무모하다고 생각한 것 같았다. 우린 서로 부추기며 격려해 주었다. 세상의 다양한 요구가 있지만 우리의 글이 어느 한 갈래에 속한다면 합당한 일이라 믿기로 했다. 따뜻한 글만을 쓰고 싶다고 했고, 글 쓰는 작업은 고통이 아니라 구원임을 확인했다.

다음을 기약하며 그의 차에 올라 상야리를 나섰다. 찬바람 속에 머물던 적요와 한가로움이 나를 배웅했다.

그러나 얼마 후 그는 글 한 줄 남기지 않고 다시 떠나버렸다. 나는 안다. 그가 새로 쓰기 시작한 소설 속의 몽골 소녀 네뜨와르의 안부를 확인하러 갔음을. 그리고 어느 날, 바람처럼 돌아와서는 "선생님, 저 왔어요."하며 또 한 권의 사랑이야기를 내

놓으리라는 것을.

그가 진정성을 가진 작가임을 믿기에 내 기다림은 헛되지 않을 것이다.

2014년 2월

워터풀 크리스마스

한 장 남은 달력이 마지막 잎새처럼 나부끼는 겨울 아침, 병원에서 정기검진을 받기 위해 집을 나섰다. 키 큰 메타세콰이어 나무가 도열하고 있는 아파트 입구를 빠져 나오는데 겨울하늘이 앙상한 가지에 찔려 가을보다 더 푸른 물을 뚝뚝 흘리고 있었다.

늪 속에 빠질 것 같은 몸을 추스르고 자신에게 위로와 격려를 보내며 병원으로 들어섰다. MRI실에서 내 뇌 속에 있는 작은 종양이 주인을 닮아 부끄러운 듯 움츠리고 있는지, 아니면 새로운 시위를 벌였는지 확인 받아야 했다. 기특하게도 그놈들은 성장을 멈춘 상태에서 몇 년 동안을 얌전히 있어 주었다. 음험한 동굴 속으로 들어가듯, 의사와 결별을 하고 통속으로 들어갔다 나왔다. 의연하고자 했지만 40분은 역시 아픔이었고 작은 고문이었다.

병원에 오면 일상처럼 반복하는 길이 항상 눈앞에 기다리고 있다. 정해진 길을 따라 휘휘 돌고 마지막은 대학로의 단골, 학림다방에서 차를 마시며 고단한 몸을 놓아두고 창밖으로 지나가는 계절을 보는 것으로 하루를 접는다. 그리고 내가 손을 잡아 줄 수 있는 사람들을 생각한다.

첫 코스는 창경궁이다. 긴 줄로 늘어서 있는 학생들의 숲을 헤치고 주민등록증 하나로 입장 절차를 마친 후 들어섰다. 들어가니 옥천교 아래 졸졸거리며 흐르는 물이 가슴을 조금씩 씻어주었고, 명정문 너머로 국보 226호의 명정전이 역사의 한 복판에 나를 세운다. 나도 흐르는 역사 속의 한 인물이었다. 초록을 벗은 나무들을 따라 걸어가니 '춘당지' 연못엔 제 계절을 맞은 원앙들이 앙증맞은 모습으로 푸드득거리고 있었다. 암컷을 유혹하는 수컷의 화려한 깃털이 눈부셨다. 작년 겨울 역시 여기에서 짝짓기 하는 원앙의 모습을 카메라에 담아 동아리 회원들로부터 박수를 받았는데 그 원앙들의 새끼일까. 여유롭고 욕심이 없었다. 그러니 무슨 걱정이 있겠는가. 늘 마음 아파하는 나에게 눈웃음을 짓듯 바라보고는 먹이를 찾는 한가로운 풍경 앞에 얼굴이 붉어졌다. 그들의 모습이 마음을 조금씩 내려놓게 했다.

잎 진 나뭇가지 사이로 빛살이 내려앉는다. 빛살을 데리고 밖으로 나와 마로니에 공원으로 향했다. 옛날의 문리대 자리다. 젊음이 뒹굴고 낭만이 넘치던 곳! 지금은 몇 그루의 마로니에가 옛날을 그리워하며 찾는 사람들을 변하지 않는 모습으로 맞이하는데, 들어서니 낯선 풍경이 눈에 들어왔다. 입구를 지키고 있는 나무에 매달린 페트 물병들. 성탄나무가 물병으로 장식되어 있었다. '워터풀 크리스마스(Waterful Christmas)'라는 글씨까지 달고 물이 넘치는 크리스마스를 갈구하고 있었다.

얼마 전 TV에서 물이 없어 오염된 물을 마시고 수인성 전염병으로 죽어가는 아프리카의 어린아이들을 비춰준 적이 있었다. 죽어가면서도 목이 말라 오염된 물 한 방울이라도 입에 적셔 주기를 바라던 어린아이들의 모습이었다. 그 아이들을 위한 캠페인이 마로니에 공원에서 페트병으로 피어났다. 그곳에 식수를 위한 펌프를 설치하기 위해 벌이는 캠페인이었다. 성탄절의 진정한 의미를 살리고자 사람들은 모두의 염원을 모아 이런 행사를 벌이게 되었나 보다. 다른 나라의 도움에만 의존하던 우리들이 눈을 들어 먼 아프리카에까지도 사랑의 손길을 뻗게 되었음에 가슴 뭉클했다.

그러다가 나를 돌아보니 참담했다. 무엇 때문에 괴로워하고 있으며 또 아파하고 있는가. 아프리카 어린아이들의 야윈 손이 내 가슴을 스치는 것 같았다. 그 손이 가슴을 계속해서 쓸어내렸다. 아프다고 소리쳤음이 엄살에 지나지 않는다고 느끼는 순간 숨죽인 기도가 흘러 나왔다. '맥없이 손을 놓아버리는 아이들을 절망의 늪에서 소생하게 하소서, 눈 뜨게 하소서.'

내 기도가 열매를 맺기를 바라며 페트병으로 장식된 성탄나무를 뒤로 하고 공원의 건너편 학림다방으로 갔다. 커피 한 모금으로 목젖을 축이면서 아침에 서둘러 뽑아 가지고 온 메일이라도 찬찬히 읽으리라.

얼마 전 작품집 출간으로 얻은 선물이 있었으니 잃었던 사람들과의 인터넷 위에서의 해후였다. 그 중 큰 선물은 강산이 세 번 변하도록 알 수 없었던 지인의 소식을 알게 된 것이었다. 출간된 작품집이 출판사를 통해 이곳저곳으로 가다 메일의 주소가 민들레 홀씨처럼 태평양을 건너서까지 가게 된 모양이었다. 오늘, 여덟 번째의 메일이 겨울 바다를 철새처럼 날아 내 손에 들어왔다.

메일을 읽었다. '가고 오는 해의 사이, 마지막 남은 한 장이 낯을 내밉니다. 딱히 아쉬움도 설렘도 없는 무표정한 모습입니다. 언제나 그랬듯 물결에, 바람결에 몸을 부립니다. 뜻대로 되지 않음을 알기에…그래도 바람이 있다면, 머리에 머문 '감사'가 가슴에서 뛰놀다가 몸 밖으로 나왔으면 합니다.'

감사의 마음을 나눔으로 실천하고 싶은 그의 작은 소망이 선율을 타고 찻집을 채워 주었다. 소박한 소망이 얼마나 값진 것인가. 그에게 '워터풀 크리스마스'의 이야기라도 전해야겠다.

세포 구멍마다 빈틈없이 외로움과 아픔만이 박혀 있다고 아우성치는 나를, 마로니에 공원에 매달린 페트병이, 아니 30년

만에 받은 그의 메일이 잠재워 주었다. 생각해 보니 가진 것이 너무 많은데 무엇을 더 바라랴. 진솔한 고해성사 같은 내 글이 누군가에게 공감대를 형성하고 감로수의 역할을 해 주기를 바라는 기다림으로 글을 쓰리라. 오늘을 남길 수 있음도 축복이었다. 무거운 짐을 내려놓은 듯 조금은 가벼워진 마음으로 흐르는 슈베르트의 '겨울 나그네'를 등지고 새 길목에 나섰다.

2009년 12월

■ 연보

약력

1942년 1월 1일생

1954 부산사범병설중학교 입학, 1956년 학교 교명이 부산 사대부속중학교로 개명됨에 따라

1957 부산사대부속중하교 1회 졸업

1957 ~ 1960 부산사범학교

1961 ~ 1965 동아대학교 문리과대학 국어국문학과

1985 ~ 1988 건국대학교 교육대학원(국어교육 전공)

1960 ~ 1997 초등학교 교사 및 중등학교 국어과 교사 재직 (건강 악화로 퇴직함)

2009 ≪한국수필≫로 등단

소속 단체

한국문인협회 회원, 한국수필가협회 회원, 한국수필작가회 회원, 〈문학의 집. 서울〉 회원, 한국가톨릭문인회 회원

저서

시집 1958년 ≪과수원≫(이유경 공저)

수필집 2009년 ≪바다, 기억의 저편≫

2010년 ≪끝나는 길에서 다시 떠나며≫

2013년 ≪그 겨울밤의 물소리≫

2014년 ≪시간이 멈춘 곳≫

2014년 ≪일상을 로그인하다≫

현대수필가 100인선Ⅱ · **36**
문육자 수필선

동행

초판 인쇄 2016년 10월 5일
초판 발행 2016년 10월 10일

지은이 문육자
펴낸이 서정환
펴낸곳 수필과비평사 · 좋은수필사
주소 서울시 종로구 삼일대로 32길 36(운현신화타워 빌딩) 305호
전화 02)3675-5635, 063)275-4000 **팩스** 063)274-3131
등록 제 300-2013-133호
이메일 sina321@hanmail.net essay321@hanmail.net

저자와 협의, 인지는 생략합니다
잘못된 책은 바꿔 드립니다

ISBN 979-11-5933-052-0 04810
ISBN 979-11-85796-15-4 (전100권)

값 7,000원

이 도서의 국립중앙도서관 출판예정도서목록(CIP)은 서지정보유통지원시스템 홈페이지(http://seoji.nl.go.kr)와 국가자료공동목록시스템(http://www.nl.go.kr/kolisnet)에서 이용하실 수 있습니다.(CIP제어번호: CIP2016023677)